Käse

Alexander Ettl

Käse

Mit 75 pikanten Rezepten
aus aller Welt,
exklusiv fotografiert
für dieses Buch
von
Hans-Joachim Döbbelin

sigloch edition

Das Bild auf Seite 2 zeigt die Herstellung von Bergkäse „hoch droben auf der Alm“ oder der Alp, wie die Schweizer sagen. Den traditionell hergestellten Berg- oder Alpkäse wird man im Angebot der Großstädte selten finden, denn diese Spezialität wird in der Regel von den Einwohnern an Ort und Stelle verzehrt.

Projektleitung: Rudolf Werk
Layout: Günther Schmidt
Reproduktionen: Otterbach-Repro, Rastatt
Satz: Setzerei Lihs, Ludwigsburg
Druck: Graphische Betriebe Eberl GmbH, Immenstadt
Papier 135 g/qm BVS der Papierfabrik Scheufelen, Lenningen
Einbandgestaltung: Ruedi Becker
Einbandarbeiten: Buchbinderei Sigloch, Künzelsau, Leonberg
Auslieferung an den deutschen Buchhandel: Stürtz Verlag, Würzburg
ISBN 3 8003 0173 3

Rund um den Käse

Jeder weiß, daß Käse aus Milch gemacht wird – aus Kuhmilch hauptsächlich, seltener aus der Milch von Schafen oder Ziegen. Damit ist, was das Angebot unserer Käsegeschäfte betrifft, das Repertoire auch schon erschöpft. Käse aus der Milch von Kamelen und Pferden, Rentieren, Wasserbüffeln oder Jaks ist zwar in exotischen Gegenden üblich, kommt aber bei uns nicht auf den Tisch. Aber halten wir fest: Käse kann man aus jeder Art von Milch herstellen.

Fachleute streiten sich darüber, wie viele Käsearten es gibt. Sie kommen auf eine Zahl um 4000, weltweit betrachtet. Als Land mit den meisten Käsearten gilt Frankreich, die Urheimat vieler Käse. Der ehemalige britische Premier Sir Winston Churchill beklagte sich über diese Vielfalt. Ein Land mit 365 Käsesorten, so meinte er, könne man unmöglich regieren.

Churchills Zahl war ein bißchen übertrieben. In Wirklichkeit werden es etwa 250 sein, lokale Abwandlungen mitgerechnet. Aber mit Statistiken läßt sich viel beweisen. Bei milder Betrachtung gibt es zur Zeit in der Bundesrepublik Deutschland rund 600 Käsesorten, viel mehr als in Frankreich. Deutschland ist also auf diesem Gebiet führend und ein Schlaraffenland für Käseliebhaber.

Das läßt sich auch mit dem jährlichen Pro-Kopf-Verbrauch belegen, der zur Zeit bei 13,3 Kilogramm liegt, Säuglinge und Greise mitgerechnet. Wenn man bedenkt, daß jeder Deutsche vor Beginn des Ersten Weltkrieges nur ein Drittel dieser Menge verspeiste, kann man nur eine deutliche Verstärkung des Käsebewußtseins konstatieren.

Dementsprechend wuchs auch die deutsche Käseproduktion. Sie betrug 1979 rund 850 000 Tonnen, das Vierfache der Menge von 1950. Rund 225 000 Tonnen Käse wurden zusätzlich importiert, fast 190 000 Tonnen exportiert. Mit der im Lande verzehrten Käsemenge, 885 000 Tonnen, könnte man fast 45 000 Kühlwagen beladen, die aneinandergereiht von Lissabon bis Kairo reichen würden, 3800 Kilometer lang.

Die Jahresproduktion der bundesdeutschen Käsereien nimmt sich freilich im Vergleich mit anderen Ländern bescheiden aus. Weit vorn liegen die USA mit rund 1,7 Millionen Tonnen Jahresleistung, gefolgt von der Sowjetunion und Frankreich. An vierter Stelle liegt die Bundesrepublik, vor so bedeutenden Käseherstellern wie der Schweiz, den Niederlanden und Dänemark.

Den größten Käseappetit haben die Griechen, die pro Kopf und Jahr fast 18 Kilogramm Käse verzehren. Frankreich, Israel und Italien schließen sich an, dann die Bundesrepublik mit dem erwähnten Pro-Kopf-Verbrauch von 13,3 Kilogramm. Am wenigsten Käse kommt in der Sowjetunion auf den Tisch: rund 5 Kilogramm pro Kopf und Jahr. Aber es gibt auch Länder, in denen fast gar kein Käse gegessen wird – beispielsweise China, dessen Bewohner von Milchprodukten noch nie etwas gehalten haben. Wenn von Käseverbrauchszahlen die Rede ist, dürfen auch die größten Käse der Welt nicht unerwähnt bleiben. Der erste Rekord dieser Art stammt aus dem Jahre 1840. Damals heiratete die britische Königin Victoria den deutschen Prinzen Albert von Sachsen-Coburg-Gotha. Die britischen Farmer produzierten aus der Milch von 780 Kühen einen fast 500 Kilogramm schweren Cheddar und überreichten ihn als Hochzeitsgeschenk. Anschließend wollten sie den Riesenkäse jedoch wieder mitnehmen und auf einer Ausstellung zeigen. Damit waren die Beschenkten nicht einverstanden. Es kam zu einem endlosen Prozeß, und wo dabei der Käse verblieb, weiß niemand mehr.

Den victorianischen Rekord brachen 1893 die kanadischen Käsefarmer mit einem zehn Tonnen schweren Cheddar für die Weltausstellung in Chicago. Das ließ die US-Amerikaner nicht ruhen. Für die Weltausstellung in New York von 1964 ließen sie einen fast 16 Tonnen schweren Cheddar aus der Milch von 16 000 Kühen herstellen. Für den Transport mußte ein eigenes „Käsemobil" konstruiert werden.

Edamer
Emmentaler
Quark
Tilsiter
Pyrenäen-Käse
Gouda
Appenzeller
Bergkäse
Trappisten-Käse
Pecorino
Bel Paese
Tête de Moine
Fontina
Mozzarella
Münster
Feta

Stilton
Gorgonzola
Roquefort
Bavaria blue
Cheddar
Brie
Harzer
Greyerzer
amembert
Parmesan
Provolone
Limburger
Caciocavallo
Vacherin

Wie Käse hergestellt wird

Käse ist, so eine Lexikondefinition, ein „aus Milch, Sahne, teilentrahmter Milch oder Magermilch, Buttermilch, Ziegenmilch, Schafmilch oder Gemischen dieser Milchsorten und -arten unter Verwendung von Pilz-, Hefe- und Bakterienkulturen durch Säuerung oder Zusatz von Lab hergestelltes eiweiß- (und fett)reiches Milchprodukt. Nach Abtrennen eines Großteils der Molke wird das verbleibende Gemisch entweder frisch oder in verschiedenen Graden der Reife verzehrt" (Meyers Enzyklopädisches Lexikon, 1975).

Einfacher erklärt die deutsche Käseverordnung von 1976 das Käseprinzip: „Käse sind frische oder in verschiedenen Graden der Reife befindliche Erzeugnisse, die aus dickgelegter Käsereimilch hergestellt sind."

Käse ist also ein Milchkonzentrat. Es kann nur entstehen, wenn das Milcheiweiß zum Gerinnen gebracht wird. Der Fachmann bezeichnet diesen Vorgang als „Dicklegen". Dafür gibt es zwei Möglichkeiten, die zugleich eine Einteilung der Käse in zwei große Gruppen erlauben:

Einmal kann man die Milch mit Hilfe von Milchsäurebakterien dicklegen. Dabei entsteht Sauermilchkäse, etwa Harzer oder Mainzer. Zum andern gerinnt die Milch, wenn man ihr Labferment, meist aus Kälbermagen gewonnen, zusetzt. Die Gruppe der Lab- oder Süßmilchkäse umfaßt alle Käse vom Hart- über den Schnitt- bis zum Weichkäse. Eine Ausnahme bilden Frischkäse wie Speisequark oder Schichtkäse. In diesem Fall wird die Milch sowohl mit Milchsäurebakterien als auch mit Lab dickgelegt. Beide Gerinnungsarten vertragen sich miteinander.

Das Ausgangsprodukt, die dickgelegte Milch, nennt man bei Sauermilch- und Frischkäse Quark, beim Labkäse dagegen Bruch. Am Beispiel eines Hartkäses seien die einzelnen Arbeitsgänge der Käseherstellung erläutert:

Zunächst einmal muß die Käsereimilch auf den vorgesehenen (und bei den meisten Käsen vorgeschriebenen) Fettgehalt „eingestellt" werden. Das geschieht entweder durch Entrahmung oder durch den Zusatz von Sahne. Dann wird die Milch kurzzeitig erhitzt (pasteurisiert) und bei 30 Grad Celsius mit einem Labauszug vermischt. Nach etwa einer halben Stunde hat sich die flüssige Milch in eine puddingähnliche Gallerte verwandelt.

Schon bei diesem ersten Arbeitsgang läßt sich durch mehr oder weniger starkes Laben oder durch eine Veränderung der Temperatur der Gehalt an Trockenmasse und damit die „Härte" des fertigen Käses beeinflussen.

Aus der Gallerte entsteht durch Zerkleinern, im klassischen Fall mit einer „Käseharfe", der Bruch. Größe und Festigkeit des Bruchs richten sich nach der jeweiligen Käsesorte. Der Käser behilft sich mit Vergleichsgrößen: Taubenei (Romadur), Walnuß (Limburger), Hagelkorn (Edamer), Erbse (Tilsiter) oder Hanfkorn (Emmentaler) sind einige Beispiele. Bei Camembert und Brie wird der Bruch nicht zerkleinert. Für das Zerkleinern des Bruchs, „Vorkäsen" genannt, gilt die Regel: je kleiner der Bruch, desto fester der Käse.

Nach dem Vorkäsen wird der Bruch mit dem „Brecher" gerührt und zugleich erwärmt, je nach Käsesorte und Herstellungstechnik auf 35 bis 60 Grad Celsius. Bei diesem „Brennen" oder „Nachwärmen" schrumpfen die Bruchkörner. Trockener („röscher") Bruch ist die Voraussetzung für festeren Käse mit erhöhter Trockenmasse. Die bei diesen Prozeduren sich abscheidende Molke wird abgeleitet.

Jetzt wird der Bruch entweder sofort oder nach einer Zwischenbehandlung in Formen unterschiedlicher Größe und Form (quadratisch, rechteckig, zylindrisch usw.) und Materialbeschaffenheit (Holz, Weidengeflecht, Edelstahl, Kunststoff usw.) gebracht. In der Form „wächst" die Bruchmasse rasch zum jungen Käse zusammen. Je nach Käsesorte wird der Masse dabei durch mehr oder weniger häufiges Wenden und Pressen weitere Molke entzogen. Schon zu diesem Zeitpunkt wird die Art der

Lochbildung bestimmt: Rundlochung oder unregelmäßige Schlitzlochung. Bei rundgelochtem Käse wird der Bruch ohne Lufteinschluß bereits in der Käsewanne stark zusammengepreßt. Schlitzlochung wird erreicht, wenn die Bruchkörner einzeln und mit Lufteinschluß in die Formen rieseln.

Die Lochbildung selbst entsteht durch Bakterientätigkeit – vergleichbar mit einem gärenden Hefeteig. Das sich bildende Gas der Kohlensäure (Kohlendioxid) hat das Bestreben, sich auszudehnen, und bestimmt damit die Anzahl und Größe der Löcher im Käse. Für die Hartkäseherstellung sind dabei Bakterien zuständig, die aus der Milch selbst stammen (Säuerungskulturen). Außerdem gibt es unterschiedliche Reifungskulturen (Schimmelkulturen), die während des Bearbeitungsprozesses mit dem Käse in Kontakt gebracht werden, etwa bei der Herstellung von Camembert, Brie, Limburger oder Tilsiter.

Die nächste Station im Dasein des werdenden Käses ist das Salzen. Es dient nicht nur der besseren Haltbarkeit, sondern bestimmt auch den Geschmack des Endprodukts. Das richtige Salzen (von Hand oder im Salzbad) und die genaue Dosierung verlangen Fachwissen und Erfahrung.

Nach dem Salzen kommt der Käse in den Reiferaum, wo er in Tagen, Wochen oder Monaten heranreift. Während Hartkäse gleichmäßig im ganzen Teig reift, vollzieht sich der Reifungsprozeß bei Weichkäsen (z. B. Brie) von außen nach innen. Einige Käse, wie der Allgäuer Emmentaler, kommen vor dem Reifeprozeß in einen warmtemperierten Keller, um die Lochbildung einzuleiten.

Bei der Reife erhält der zunächst noch körnige Käse durch die Tätigkeit von Bakterien, Hefen und Schimmelpilzen seine speckig-plastische Struktur. Enzyme schließen die Eiweißstoffe auf und machen sie für den menschlichen Organismus leichter verdaulich. Dabei bilden sich auch die je nach Käsesorte unterschiedlichen Aromastoffe. Der restliche Milchzucker wird zu Milchsäure abgebaut, die dann ihrerseits wieder in andere Stoffe umgesetzt wird. Auch das im Käse enthaltene Fett ist während der Reifung einer Umwandlung unterworfen.

Mit Ausnahme von Alm-Sennereien und einigen wenigen kleinen und mittleren Käsereien, in denen noch „von Hand“ gearbeitet wird, entsteht der Käse heute durchweg in vollmechanisierten und automatisierten Großbetrieben. Käsereien mit einer täglichen Milchverarbeitung von mehreren 100 000 Kilogramm sind keine Seltenheit.

Die einst von Hand vorgenommene Bruchbearbeitung (mit Käseharfen, -messern und -säbeln) ist heute Sache programmgesteuerter Produktionsanlagen. Die üblichen Käsewannen und -fertiger fassen bis zu 15 000 Liter, sind überwiegend aus Edelstahl (in Emmentaler-Käsereien noch vielfach aus Kupfer) und zum Temperieren des Inhalts doppelwandig. Zur Bruchbehandlung werden auswechselbare Schneide- und Rührwerkzeuge eingesetzt. Statt der früher üblichen Käseformen aus Holz verwendet man heute Formen aus perforiertem Kunststoff oder aus speziellen Siebblechen. Die einstigen Hebelpressen wurden durch Hydraulikpressen in Tischform oder sogenannte Tunnelpressen abgelöst.

Gesalzen wird seit einiger Zeit fast ausschließlich in Salzbädern. Sie sind in der Hart- und Schnittkäserei meist als Tiefbäder im Boden versenkt ausgeführt, und die Käse werden in Hordenstapeln in das Bad getaucht. Als Werkstoff für diese Salz-Badeanstalten findet man neben Edelstahl auch Kunststoff oder Beton mit säurefester Verfliesung.

Moderne Reifungsanlagen schließlich verfügen über vollautomatische Klimaanlagen zur Regelung von Temperatur, Feuchtigkeit und Luftumwälzung sowie über zahlreiche Anlagen zum Transport, dem Sortieren und Kennzeichnen der Käse. Auch das Paraffinieren, Wachsen oder Beschichten mit Kunststoff bis hin zum verkaufsfertigen Verpacken der Käse ist längst Maschinenarbeit geworden.

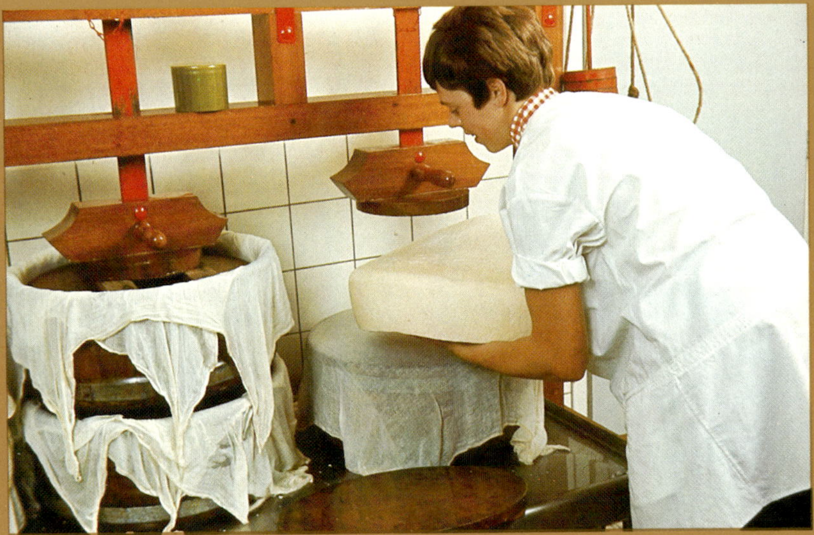

Bei der traditionellen Käseherstellung wird der Bruch aus dem Kessel ausgezogen, in eine Holzform eingelegt und mittels Spindeln gepreßt. Die Laibe kommen dann ins Salzbad und schließlich in den Keller zur Reifung. Edamer erhält nach der Reifung einen Paraffinüberzug. Bei der modernen Käsefabrikation sind die Vorgänge weitgehend automatisiert.

Das Nahrungsmittel Käse

Käse besteht im wesentlichen aus Eiweiß, Fett und Wasser. Dazu kommen kleinere, aber für die Ernährung wichtige Anteile an Mineralstoffen, Milchzucker und Vitaminen.

Das Milcheiweiß ist der ernährungstechnisch wichtigste Bestandteil. Der Eiweißgehalt beträgt je nach Käseart und -typ 10 bis 30 Prozent, ist also höher als bei Ei und Fleisch. Das je nach Fettgehaltsstufe in mehr oder weniger großen Mengen im Käse enthaltene Fett ist nicht nur Kalorienlieferant, sondern auch Träger fettlöslicher Vitamine. Das Wasser bestimmt neben dem Fett die Konsistenz des Käses, also die Geschmeidigkeit des Käseteiges. Es dient zudem als Lösungsmittel und ist als Molke Träger von Mineralstoffen, wasserlöslichen Vitaminen und Milchsäure.

Zu den wichtigsten Mineralstoffen im Käse gehören Calcium und Phosphor. Zahlreiche Käsesorten gelten dank ihres Calciumgehalts als wichtige Kalklieferanten der Nahrung. Fettlösliche Vitamine im Käse sind A, D, E und K, die wasserlöslichen Vitamine stammen aus der B-Gruppe (B_1, B_2).

Die Inhaltsstoffe von Käse lassen sich besser miteinander vergleichen, wenn man die wäßrigen Bestandteile ausscheidet, sich also nur auf die Trockenmasse bezieht. Aus diesem Grund ist der Fettgehalt der deutschen Käse auch stets als Fett in der Trockenmasse (Fett i. Tr.) angegeben.

Wenn auf einer Packung also „50 % Fett i. Tr." steht, heißt das nicht, daß der Käse zur Hälfte aus Fett besteht. Weil die Angabe sich auf den Fettgehalt der Trockenmasse bezieht, die z. B. bei einem Butterkäse 50 Prozent ausmacht (die anderen 50 Prozent sind Wasser), enthält der Käse so, wie er eingekauft wurde, 25 Prozent Fett, in 100 Gramm Butterkäse also präzise 25 Gramm.

Der Brennwert von Käse, ausgedrückt in Joule (oder Kalorien), beruht sowohl auf dem Fett- als auch auf dem Eiweißgehalt. Bei dem als Beispiel angeführten Butterkäse (100 Gramm) wären 1 510 Joule (361 Kalorien) anzusetzen. Besonders joulearm sind z. B. Magerquark und Sauermilchkäse, besonders joulereich dagegen Käse wie Doppelrahm-Frischkäse und manche Edelpilzkäse. Sich für mehr oder weniger „fetten" Käse zu entscheiden, ist freilich nicht nur eine Frage der schlanken Linie, sondern auch eine des Geschmacks. Fetthaltigere Käse schmecken im allgemeinen aromatischer, weil bestimmte Aromastoffe an das umgewandelte Milchfett gebunden sind.

Weil Käse keine unverdaulichen Bestandteile enthält, ist er praktisch vollständig verdaulich. Zudem bedeutet die mikrobielle Reifung der meisten Käse (Ausnahme: Frischkäse) schon eine gewisse Vorverdauung.

Das Eiweiß wird im Organismus zu seinen niedrigsten Bausteinen, den Aminosäuren, abgebaut, die vom Körper wieder zu den spezifischen Eiweißstoffen der Organe aufgebaut werden. Das Milchfett ist dank seiner feinen Verteilung besonders gut verdaulich und sogar in der Lage, die Darmwand ohne vorherige Aufspaltung zu passieren.

Da Käse praktisch keine Kohlenhydrate enthält, wird er normalerweise nicht „pur" gegessen, sondern zusammen mit Kohlenhydraten: Brot, Kartoffeln beispielsweise. Vielseitig sind die Verwendungsmöglichkeiten von Käse als Würze (z. B. Reibkäse) oder Speisenzutat. In allen Fällen wird durch Käse nicht nur eine Geschmacksverbesserung erzielt, sondern auch der Eiweißgehalt der Speisen erhöht.

Dank Fett und Eiweiß hat der Käse einen relativ hohen Sättigungseffekt, er läßt nicht so schnell wieder ein Hungergefühl aufkommen und „schließt den Magen". Das heißt aber auch, daß er nicht zu den am leichtesten verdaulichen Nahrungsmitteln gehört, was Empfindliche berücksichtigen sollten.

Notizen aus der Käsehistorie

Am Anfang steht die Legende. Über den Ursprung der „Göttergabe Käse“ heißt es in der griechischen Überlieferung, Aristaios, Sohn des Apollon und der Kyrene, habe sich in Gestalt eines Schäfers aus dem Olymp auf die Erde begeben, um den Menschen die Käsebereitung zu zeigen, und die kyrenischen Nymphen seien dabei seine Assistentinnen gewesen.

Milch dürfte schon zur Jungsteinzeit, vor etwa 10000 Jahren, zur menschlichen Nahrung gehört haben. Die älteste bildliche Darstellung ist 4500 Jahre alt, sie stammt aus dem mesopotamischen Sumer und zeigt das Melken von Kühen, das Durchseihen der Milch und die Butterbereitung. Von Käse ist auf diesem berühmten Fries noch nichts zu sehen. Er wird erst 500 Jahre später auf einer Keilschrifttafel erwähnt, die ebenfalls aus Sumer stammt. Ein sumerischer Landwirt vermerkte darauf Viehbestand und Erträge seines Betriebes während mehrerer Jahre. So kann, wer Keilschrift versteht, noch heute nachlesen, daß unser Gewährsmann „im 41. Jahr des Königs Sulgi“ 30 Kilogramm Käse erzeugte, acht Jahre später dagegen schon 67,5 Kilogramm. 14 Kühe nannte er sein eigen.

Seit die Archäologen Methoden erfunden haben, uralte Topfscherben daraufhin zu untersuchen, was sich einst in dem Gefäß befunden haben könnte, wissen wir auch, daß es im Ägypten der Zeit vor 5000 Jahren Käse gegeben haben dürfte. Es könnte sich dabei um Ziegen- oder Schafkäse gehandelt haben. Beide kommen auch in der Bibel vor. So bricht es aus dem an seinem Gott zweifelnden Ijob (Hiob) heraus: „Hast du mich nicht wie Milch hingegossen und wie Käse gerinnen lasssen?“ Und so können wir nachlesen, wie David, der Sohn Isais, dem Hauptmann seiner Brüder zehn frische Käse zum Geschenk bringt (und bei dieser Gelegenheit den Riesen Goliath tötet).

Körbchen aus Binsen-, Ginster- und Weidengeflecht verwendeten die Griechen als Formen für ihren Frischkäse. Er gehörte zur täglichen Nahrung, wovon Homer in seiner „Odyssee“ Zeugnis ablegt. Größter Käseproduzent in diesem literarischen Dokument war der Riese Polyphem, der Odysseus und seine Gefährten in einer finsteren Höhle gefangenhielt. So heißt es bei Homer: „Aber die Hälfte der weißen Milch ließ er gleich gerinnen, schnitt sie dann und füllte sie ein in geflochtene Körbchen, während hinwieder in Töpfe die andere Hälfte er stellte, daß er sie nehme und trinke und daß er sie habe zum Nachtmahl.“

Die Schafe, von denen diese Milch stammte, verhalfen Odysseus schließlich zur Rettung. Nachdem er und seine Mitreisenden den einäugigen Riesen geblendet hatten, klammerten sie sich an die Unterseite der aus der Höhle strebenden Riesenschafe fest und entkamen, ohne daß Polyphem es bemerkte.

Die Römer kannten zur Kaiserzeit ein gutes Dutzend Käsesorten, und sie hatten es auch schon gelernt, den Käse durch Auspressen der Molke, durch Salzen und Räuchern haltbarer zu machen. Römische Feinschmecker begnügten sich aber nicht mit den einheimischen Sorten, sie schwärmten für bithynischen Käse aus Kleinasien, für gallischen *Caseus nemausensis* (den Vorläufer des Roquefort) und für germanische Käsesorten. Außerdem hinterließen sie uns die Bezeichnung Käse (von *caseus*), den Franzosen und Italienern die Bezeichnungen *fromage* und *formaggio* (vom spätlateinischen *formaticus*, dem Namen für kleingeformte Käse). Und in späteren Jahren delektierten sie sich auch schon an Schweizer Käse – es heißt, Kaiser Antoninus Pius habe sich an Bergkäse aus Helvetien zu Tode gegessen.

Was wir über die Käsetechnik der Römer wissen, ist vor allem in einem Werk nachzulesen, das der praktische Landwirt und Fachschriftsteller Lucius Iunius Moderatus Columella um das Jahr 62 n. Chr. verfaßte. Columella, in Cádiz in Spanien geboren, hinterließ zwölf Bücher mit dem Reihentitel „De re rustica“, denen man noch heute die Begeisterung des Verfassers für die Natur und seine Sorgfalt in der Beschreibung der landwirtschaftlichen Arbeit anmerkt. Was den Käse betrifft, so geht aus „De re rustica“ hervor, daß die Römer harten Käse in Laiben mit einem Gewicht bis zu 40 Kilogramm herstellten, daß sie auch Sauermilchkäse und Kochkäse bereiteten und an Käse aus Esels- und Pferdemilch Geschmack fanden, darunter der besonders beliebte *Caseus phrygius*. In Privathäusern gab es besondere Käseküchen, in größeren Städten wie Rom auch gewerbliche Unternehmen, die Käse räucherten. Das Labferment wurde aus Hasen- oder Ziegenmagen gewonnen, aber auch aus dem Saft von Feigenzweigen.

Aus der Zeit des Columella stammen die ersten Rezepte für die Verwendung von Käse in der Küche. Sie erschienen unter dem Namen des Marcus Gavius Apicius in der aus zehn Bänden bestehenden Sammlung „De re coquinaria“. Vermutlich war Apicius nicht der Verfasser, obwohl der römische Feinschmecker nicht nur für seine ausschweifenden Gastereien berühmt war, sondern auch neue Gerichte erfand, die an eigens eingerichteten Schulen gelehrt wurden. Bei Apicius findet sich sogar schon eine Art Käsefondue. Der Römer steckte große Teile seines Vermögens in seine kulinarischen Hobbys. Als nur noch ein „Rest“ von etwa einer Million Mark übrig war, machte Apicius seinem Leben durch Gift ein Ende, weil er fürchtete, nun bald verhungern zu müssen.

Daß Käse zur Nahrung der Urgermanen gehörte, hat Caesar in seinem „Bellum Gallicum“ überliefert. In Aachen erließ Kaiser Karl der Große 812 die erste Butter- und Käseverordnung. Weil ihm der Käse so gut mundete, den ihm einer seiner Bischöfe bei einem überraschenden Besuch vorsetzte, erlegte er dem Kirchenfürsten einen jährlichen Zins von zwei Fuhren des betreffenden Käses auf. Übrigens gab es damals schon Normgrößen für Hartkäse, und zwar einfach deshalb, weil Käse ein Zahlungsmittel bei der Erfüllung von Ablieferungsverpflichtungen an die Herrschaft war und die Bauern immer wieder versucht hatten, kleinere Käse unter die Lieferung zu schmuggeln.

Von den Römern lernten die auf Sauermilchkäse spezialisierten Germanen die Kunst, Labkäse zu bereiten. Sie gaben dem römischen *coagulum*, dem Gerinnungsstoff, den germanischen Namen Lab in Anlehnung an die Bezeichnung für gewisse Heil- und Zauberkräuter, nannten die geheimnisvolle Käsezutat aber manchmal auch Quagel (von *coagulum*) oder Rinsel (von gerinnen). Etwa um die gleiche Zeit kamen mancherlei Zutaten in Mode – Kräuter und Pinienkerne, Haselnüsse und Pfeffer machten den Käse schmackhafter.

Um das Jahr 1000 wird der schweizerische Schabziger-Käse erstmals erwähnt, nicht viel später (1070) der französische Roquefort. Im 12. Jahrhundert sind Gruyère und Cheshire bekannt, erste Nachrichten über Parmesan, Gorgonzola, Sbrinz, Taleggio und Pecorino stammen aus dem 13. Jahrhundert, und auch der Emmentaler wird schon beim Namen genannt. Viele dieser Käsesorten dürften freilich viel älter sein und schon auf die Zeiten der käseliebenden Römer zurückgehen.

Um 1225 ließ der Deutschritterorden auf pommerschen Meiereihöfen Butter und Käse herstellen. Um 1500 war die Käsebereitung in Deutschland wie in Westeuropa weit verbreitet, vor allem dank der Klöster, die Käse als Fastenspeise kultivierten und neue Sorten erfanden.

Um die Mitte des 16. Jahrhunderts schrieb der kräuterkundige Lonicerus nieder, was er vom Käse hielt: „Ein guter Käss aber soll bei sechserley Gestalt erkannt werden. Nehmlich, daß er nicht viel Augen (= Löcher) habe, nicht sey zu hart gesaltzen, nicht haaricht, nicht zu alt, nicht zu hart am Schnitt, nicht stinckend. Arbeits-Leuten, und sonderlich die da jung seyn, schadet er am wenigsten, ist solchen gut für den Hunger. Daher sagt man: Caseus et panis, sunt medicina sanis (Käse und Brot sind gesund). Es schadet aber der Käss denen am wenigsten, welche sich von Jugend auf daran gewöhnet haben, und den ohne das gern essen.“

Bis in die zweite Hälfte des vorigen Jahrhunderts blieb die Käseherstellung weitgehend auf den Ort der Milchgewinnung, den Bauernhof, beschränkt. Die Erzeugnisse von Hof-, Haus- und Bauernkäsereien dienten zunächst über-

Seit wann sich der Mensch von Käse ernährt, wissen wir nicht genau. Es darf aber vermutet werden, daß es Käse gibt, seit es dem Homo sapiens erstmals gelang, wilde Tiere zu domestizieren. Sicher hat er damals auch schon die Milch dieser Tiere verwertet, und es konnte nicht ausbleiben, daß Reste dieser Milch gerannen und somit zumindest eine Vorstufe des Käses entstand.
In der Bibel wird Käse schon mehrfach erwähnt. So schickt Isai seinen Sohn David mit zehn frischen Käselaiben und Brot ins Lager König Sauls, wie auf diesem Stich aus dem Jahre 1541 dargestellt.

wiegend dem Eigenverbrauch und zur Abgabe an den Grundherrn. Erst die Zunahme der Stadtbevölkerung ließ Molkereien und Käsereien entstehen. Die Käserei wurde zu einem wichtigen Gewerbe, der Käse entwickelte sich zu einer bedeutenden Handelsware, wobei jedes Käseland eifersüchtig darüber wachte, daß die eigenen Herstellungsgeheimnisse nicht ausgeplaudert wurden.

Den Sprung in die Wissenschaft vom Käse lösten im 19. Jahrhundert zwei Männer aus, die sich eingehender mit dem bis dahin nur erfahrungsgemäß hergestellten Produkt befaßten. Der eine war Justus von Liebig, der 1836 bemüht war, die Käsegärung zu erforschen, der andere Louis Pasteur, dessen Erkenntnissen auf dem Gebiet der Gärungschemie es zu verdanken ist, daß die zur Käsebereitung vorgesehene Milch noch heute vor der Verarbeitung kurzzeitig erhitzt wird, um schädliche Bakterien abzutöten. Die von Pasteurs Mitarbeiter Ilja Metschikow verfeinerte Methode des Pasteurisierens setzte sich bald überall durch (Ausnahmen: Emmentaler, Gruyère, Parmesan).

Käsegruppen und Käseprofile

Wie bringt man am besten Ordnung in die Käsevielfalt? Man kann die Käsesorten nach Ländern aufgliedern – davon hätte der Liebhaber bestimmter regionaler Spezialitäten etwas, etwa der Urlauber, der sich zu Hause an genossene Käsefreuden im Urlaubsland erinnern möchte. Auch eine Einteilung nach dem Geschmack wäre denkbar – hier die milden, dort die scharfen, pikanten Käse. Aber weil sich über Geschmack streiten läßt – was der eine schon als pikant empfindet, schmeckt dem andern mild –, ist diese Einteilung problematisch.

Schließlich könnte man die Käse auch noch nach Fett- oder Eiweißgehalt sortieren. Aber wer spaziert schon in den Käseladen mit dem festen Vorsatz, einen Käse mit 45 Prozent Fett in der Trockenmasse zu kaufen?

Die deutsche Käseverordnung geht einen anderen Weg. Sie unterteilt den Käse gruppenweise nach dem Gehalt an Trockenmasse, vom Hartkäse bis zum Frischkäse – und damit nach dem Wassergehalt. Weil ein hoher Wassergehalt, etwa bei Speisequark, auch eine sehr weiche Käsemasse zur Folge hat, ein niedriger, etwa bei Emmentaler oder Parmesan, dagegen einen harten Käseteig, handelt es sich bei der Gruppengliederung also gleichzeitig um eine Weichheits- und Härteabstufung.

Hier ganz kurz die Kennzeichen der Käsegruppen nach der Käseverordnung als Einleitung zu unseren Profilen der interessantesten Käsesorten. Alle Sorten, die man in einem gut geführten Käsespezialgeschäft finden oder im Urlaub kennenlernen kann, sind außerdem ab Seite 206 tabellarisch aufgelistet.

Hartkäse haben den höchsten Gehalt an Trockenmasse: mindestens 60 Prozent. Deswegen und wegen der langen Reifezeit kann man sie verhältnismäßig lange lagern. Alle Käse dieser Gruppe haben eine feste Rinde. Beispiele: Emmentaler, Gruyère, Cheddar, Cheshire, Parmesan.

Feste Schnittkäse sind weicher und saftiger als Hartkäse, lassen sich aber gut schneiden. Es gibt die Untergruppen Schnittkäse ohne Schmiere (z. B. Gouda, Edamer) und mit Schmiere (z. B. Tilsiter). Schnittkäse sollte, um der Gefahr der Austrocknung zu begegnen, jede Woche neu eingekauft werden.

Halbfester Schnittkäse, eine nur in Deutschland übliche Bezeichnung, umfaßt alle Käsesorten, die hinsichtlich ihres Gehaltes an Trockenmasse zwischen den festen Schnittkäsen und den Weichkäsen liegen. Dazu gehören Käse wie der Butterkäse und der Weißlacker, aber auch Edelpilzkäse wie der Roquefort, der Gorgonzola und der Stilton.

Weichkäse reift von außen nach innen, beim Kauf weist er meist noch einen Kern bröckeliger weißer Käsemasse auf. Zu unterscheiden sind Weichkäse mit Schimmel (z. B. Camembert, Brie) und solche mit Schmiere (z. B. Limburger). Käse dieser Gruppen läßt man am besten im Keller oder in der Speisekammer nachreifen, bis sie den gewünschten Reifegrad erreicht haben.

Sauermilchkäse werden aus Quark bereitet und sind besonders joulearm (weniger als 10 Prozent Fett i. Tr.). Je nach dem Reifeverfahren gibt es sie mit Rotschmiere, als Gelbkäse oder als Edelschimmelkäse. Bekannte Sorten sind Mainzer, Harzer und Olmützer Quargl.

Frischkäse werden ebenfalls aus Quark hergestellt, machen aber keine Reifung durch. Sie sind „zum alsbaldigen Verzehr" bestimmt. Dazu zählen neben Speisequark und Schichtkäse auch der Rahm- und Doppelrahm-Frischkäse und der Cottage Cheese, einer der beliebtesten US-amerikanischen Käse.

Schmelzkäse zählt nicht zu den Naturkäsen und wird deshalb von der Gruppeneinteilung der Käseverordnung nicht erfaßt. Er besteht aus Naturkäsen, die mit oder ohne Zusatz von Schmelzsalzen unter Anwendung von Wärme geschmolzen wurden. Es gibt ihn sowohl streich- als auch schnittfähig.

König der Hartkäse: Emmentaler

Seinen Namen hat er vom ursprünglichen Herkunftsgebiet, dem Tal der Emme im Schweizer Kanton Bern. Einst war er ein reiner Bergkäse, während der Sommermonate im Handbetrieb in einfachen Alphütten hergestellt. Seine Vorläufer dürfte es schon zur Römerzeit gegeben haben.

Bis ins 16. Jahrhundert hatten die Emmentaler mit den bis zu 130 Kilogramm schweren „Mühlsteinen" von heute noch nicht viel Ähnlichkeit – sie wogen nur vier bis zwölf Kilogramm. Das begann sich zu ändern, als die Schweizer den Export ankurbelten: auf Alpenstraßen nach Italien, auf dem Rhein bis in die Niederlande.

Die Nachfrage stieg immer mehr. Schließlich waren die Alpkäsereien überfordert. Es schien keinen Ausweg zu geben, weil die Fachleute davon überzeugt waren, daß der Emmentaler nur in Bergeshöhen so gut gerate, nicht etwa im Tal. Immerhin – es kam auf einen Versuch an. 1815 entstand die erste Dorfkäserei im Tal (in Kiesen zwischen Bern und Thun), und schnell stellte sich heraus, daß die Käufer keinen Unterschied zwischen dem herkömmlichen Berg- und dem neuen Talkäse bemerkten.

Um diese Zeit war die Emmentalerherstellung schon kein Schweizer Monopol mehr. Vor allem im Allgäu experimentierten Käsereifachleute aus der Schweiz, zunächst noch unter primitiven Verhältnissen, mit einem dem Emmentaler ähnlichen Käse. Er geriet so gut, daß er sich bald nur noch in unwesentlichen Details vom großen Vorbild unterschied. So kommt der berühmte Hartkäse heute als „Emmentaler Switzerland" aus der Schweiz und als „Allgäuer Emmentaler" aus Deutschland, außerdem aber auch noch aus Frankreich und Österreich, Finnland und Argentinien, Australien und den USA.

Emmentaler wird stets aus Rohmilch hergestellt. Für einen Käse von 75 Kilogramm werden etwa 1000 Kilogramm Milch gebraucht, die Tagesleistung von 70 Milchkühen. Reinkulturen sorgen für die Reife mit der Bildung kirschgroßer Löcher. Die gepreßten Laibe liegen vier bis fünf Tage in einem Salzbad, das dem Käse Wasser entzieht und die Rindenbildung fördert. Eine Wissenschaft für sich ist die Reifung – zuerst in einem Übergangskeller, dann in einem 22 Grad Celsius warmen Gärkeller, schließlich im kühleren Lagerkeller. Allwöchentlich müssen die Laibe gewaschen und umgesetzt werden.

Frühestens nach drei Monaten darf der Emmentaler nach deutschem Käserecht verkauft werden. Besser schmeckt er nach sechs bis acht Monaten, etwa als Fondue-Bestandteil oder Reibkäse. Altgelagerter Emmentaler ist daran zu erkennen, daß er „tränende Augen" hat: An den Löchern tritt in feinen Tröpfchen Flüssigkeit aus.

Emmentaler ist für die Schweizer und Allgäuer Käseregion eine wichtige Einnahmequelle und die Basis des Wohlstands.

Der wohl bekannteste aller Käse, von vielen König der Hartkäse genannt, ist der Emmentaler, ursprünglich nur im Tal der Großen Emme im Kanton Bern hergestellt. Er entsteht stets aus Rohmilch. Die Bilder auf der nächsten Doppelseite zeigen oben links das Versetzen der Milch mit Lab, darunter das Wenden oder Umlegen der Käsemasse mit zwei Kellen, in der Mitte oben das Ausziehen des Bruchs mit einem Tuch, rechts oben das Pressen des Käses, bei dem die Restmolke weitgehend ausgepreßt wird, und schließlich zeigt noch das große Bild die Emmentaler Käselaibe im Salzbad, der letzten Stufe, bevor die Reifung im Gärkeller beginnt.

Fondue-Spezialkäse: Gruyère

Man hat ihn den kleinen Bruder des Emmentalers genannt, den Gruyère oder Greyerzer aus dem Schweizer Kanton Fribourg, und tatsächlich gibt es einige Ähnlichkeiten. So wird auch der Gruyère aus Rohmilch bereitet, so verlangt auch er eine längere Reife- und Lagerzeit. Aber die Unterschiede überwiegen. Gruyère wird in kleineren Laiben (bis zu 45 Kilogramm) hergestellt, er hat nur eine schwache Lochung (dafür gelegentlich kleine Risse, an Ort und Stelle „Gläs" genannt), und er reift gemächlich bei niedrigeren Temperaturen als der Emmentaler. Es gehört Kennerschaft dazu, für den jeweiligen Verwendungszweck den jeweils richtigen Reifegrad auszuwählen: Nach fünf Monaten schmeckt er mild und zart, nach acht Monaten zartpikant, nach zwölf Monaten pikant-aromatisch.

Der Ursprungsort des berühmten Fonduekäses (meist verwendet man ihn gemischt mit Emmentaler) ist das 1200-Einwohner-Städtchen Gruyères (so die amtliche Bezeichnung) oder Greyerz, eine Siedlung, die sich um das Schloß der Grafen von Gruyères „in Akropolislage" (so ein Lexikontext) zum Städtchen entwickelte. Heute ist die ganze Innenstadt, geschmückt mit Häusern aus dem 15. bis 17. Jahrhundert, eine einzige Fußgängerzone – wer sie besichtigen will, muß sein Auto am Ortseingang abstellen. Er wird den Besuch nicht bereuen.

„Wir betreten das Städtchen bei Einbruch der Dunkelheit" – so H. G. Fischer-Tschöp in der „Süddeutschen Zeitung". Auf den Terrassen des Restaurants wird zu Abend gegessen. Ein feiner Fondueduft liegt in der Luft über dem Marktplatz ... Wir erleben, wie ein dicker, runder Käsevollmond hinter dem Berg über Gruyères aufgeht – wie bestellt. Das Stadtwappen führt allerdings keinen Käse, sondern einen Kranich *(la grue)*, daher kommt der Name der Grafenstadt. Über der Musterkäserei, über den Gasthöfen, über der Burg und überall – geschnitzt, geschmiedet, gestickt, gemalt – *la grue*, der Kranich."

Gruyère wird längst nicht mehr allein in Gruyères und Umgebung hergestellt. Er kommt auch aus anderen Schweizer Kantonen, außerdem beispielsweise aus Finnland (Perniön Gruyère), aus Griechenland (Graviera), aus Jugoslawien und Polen (Grojer), aus Österreich (Groyer) und der Türkei (Gravyer peyniri). Die Schweizer verkaufen ihren Originalkäse als „Greyerzer Switzerland", gestempelt mit einem Alphornbläser.

Rechte Seite: Abbildung aus der berühmten Enzyklopädie von Diderot und d'Alembert, die in den Jahren 1762–1777 entstand. Sie zeigt die Herstellung von Gruyère und Gerardmer.

Nächste Doppelseite: Wenn sich die kalte Jahreszeit ankündigt und der erste Schnee fällt wie hier auch über die berühmte Käsestadt Gruyères, dann kommt bei den Schweizern ein nahezu unstillbares Verlangen nach einem wärmenden, wohlriechenden, heimeligen Fondueessen auf. Dann beginnt die hohe Zeit der Fondue- und Raclettepartys.

Der Greyerzer, der aus dieser Stadt stammt, in der sich fast alles um den Käse dreht und über der der Mond kein Mond, sondern ein Käselaib zu sein scheint, gehört unabdingbar zu einer echten Käsefondue. Malerisch liegt das Schloß der Grafen von Gruyères über dem Städtchen, wo man in der Abtei Rougemont schon im 12. Jahrhundert den berühmten Käse herstellte.

Fromage de Gruieres et de Gerardmer.

Herstellung des berühmten englischen Cheddar, allerdings nach zwar liebenswerter, aber gegenüber modernen, automatischen Methoden ziemlich unrentabler Art. Gerührt wird die Käsemasse zwar schon in einem Rührwerk, aber das Salz wird von Hand zugefügt – mal mehr, mal weniger –, bevor die zylindrischen Käse in der Presse viele Stunden lang, von Tüchern umhüllt gepreßt werden, um nachher ihrer vollendeten Konsistenz entgegenreifen zu dürfen.

Die britischen Brüder: Cheddar und Cheshire

Unter den eigenständigen Käsen der Britischen Inseln ist Cheddar der absolute Bestseller. Sein Name geht auf das Dorf Cheddar zurück, aber als eigentliche Heimat des Käses gilt die Stadt Wells in Somerset. Bis zum 17. Jahrhundert wurde Cheddar aus Schaf- und Ziegenmilch hergestellt, dann gingen die Engländer zu Kuhmilch über – und zwar zu einer ganz besonderen: Cheddar schmeckt nur richtig, so meinen sie, wenn er aus der Milch von Shorthorn- oder Ayrshire-Kühen bereitet wird.

Cheddar (und ebenso der mit ihm verwandte, aber auch mit ihm konkurrierende Cheshire) wird im Prinzip wie jeder Hartkäse hergestellt. Wichtigste Abweichung: Man läßt den zusammengewachsenen Bruch säuern und schnitzelt ihn, bevor er in die Form gebracht wird. Das Schnitzeln wird *cheddaring* genannt. Diese Technik gilt auch für andere britische Käse, etwa für den Lancashire oder den Double Gloucester.

Der Cheddar-Teig ist im Urzustand weiß bis leicht gelblich. Die Engländer pflegen ihn aber in der Regel zu färben – früher mit gelbem Safran, heute mit Annatto, einem Extrakt aus der Frucht des westindischen Orleanbaumes (*Bixa orellana*), einer beliebten und unschädlichen Käsefarbe.

Seit 1851 gibt es auch eine US-amerikanische Cheddar-Produktion. Sie entwickelte sich so erfolgreich, daß erhebliche Mengen Cheddar von jenseits des großen Teiches nach Großbritannien importiert werden.

Auch in Deutschland wird Cheddar hergestellt, hier aber unter der Bezeichnung Chester und größtenteils als Rohmaterial für Schmelzkäse: Cheddar/Chester läßt sich ganz vorzüglich und ohne lange „Käsefäden" schmelzen. Deshalb verwenden ihn die Briten auch mit Vorliebe für Käsegerichte wie Welsh Rarebits und andere überbackene Spezialitäten.

Chester ist in manchen Ländern, so in Frankreich und gelegentlich in Deutschland, aber auch ein anderer Name für den mit Cheddar verwandten Cheshire-Käse. Dieser „Irrtum" scheint schon sehr alt zu sein und beruht wohl darauf, daß Chester die zentrale Stadt der Cheshire-Ebene ist und einst ein Stapelplatz für Export-Cheshire war. Freilich ändert das nichts an der Tatsache, daß der meiste Cheshire nicht aus Chester, sondern aus Whitchurch, 20 Meilen weiter südlich, kommt. In dieser Gegend liegen die Salzbergwerke von Northwich. Das Weideland, leicht salzhaltig, beeinflußt den speziellen Charakter des Cheshire, der übrigens auch, wie Cheddar, mit Annatto rötlich gefärbt zu werden pflegt. Cheshire scheint bedeutend älter zu sein als Cheddar. Er wird schon im „Domesday Book" erwähnt, das Wilhelm der Eroberer 1085–1086 anlegen ließ.

Außer dem weißen (ungefärbten) und dem rötlich-orangefarbenen (gefärbten) gibt es auch noch einen blauen Cheshire, einen Edelpilzkäse mit blaugrünem Innenschimmel. Er entsteht nicht durch den Zusatz von Schimmelpilzkulturen, sondern ist ein Zufallsprodukt bei der Cheshire-Herstellung. Blue Cheshire ist deshalb selten und teuer.

Der Etrusker-Käse: Parmesan

Ein Parmesankäse, hieß es einst, braucht zum Reifwerden ebensoviel Zeit wie ein norddeutscher Doktor der Philosophie: mindestens zwei, in der Regel drei bis vier Jahre. Allerdings sei ein fertiger Doktor weit billiger als ein vollkommener Parmesankäse.

Nicht nur die lange Reife- und Lagerzeit ist für den Parmigiano Reggiano, wie er in Italien offiziell heißt, charakteristisch. Es handelt sich bei diesem härtesten der Hartkäse auch um einen extrem fettarmen Käse (32 Prozent Fett i. Tr.). Und für seine Herstellung gelten immer noch die gleichen Grundsätze wie vor 700 Jahren, als der Parmesan typisiert wurde: umständlich und langwierig, aber wirkungsvoll.

Von einem sehr harten, lange haltbaren Käse spricht schon Homer. Ein Eisenschaber war erforderlich, um Späne von ihm abzuhobeln. Im ersten Jahrhundert n. Chr. erwähnt der in Rom lebende Dichter Martial einen harten, mondförmigen Käse, den ursprünglich die Etrusker herstellten, lange vor der Morgendämmerung des Römischen Reiches. In Bibbiano nahe Piacenza, damals Bestandteil der Provinz Parma, wurde der nach Parma benannte Parmigiano im 10. oder 11. Jahrhundert erstmals hergestellt. Aus dem Jahre 1364 gibt es Berichte über einen regen Parmesan-Handel der Stadt Parma. Eifersüchtig wachten die Parmesan-Leute darüber, daß niemand ihren Hartkäse kopierte. Sie konnten aber nicht verhindern, daß auch in der Poebene ein harter Reibkäse auf den Markt kam, der Grana Padano. Jahrhunderte dauerte der Streit zwischen den Käseregionen, bis 1955 ein Regierungserlaß beiden Käsemarken Schutz gewährte und die Produktionsgebiete gegeneinander abgrenzte.

Echter Parmesankäse darf nur während der Weidezeit der Kühe, vom 1. April bis zum 11. November eines Jahres, hergestellt werden. Wie Emmentaler wird Parmesan aus roher, nicht pasteurisierter Milch bereitet. Nach der Bruchzerteilung wird ein Teil der Molke abgeschöpft. Die restliche Mischung muß nun unter ständigem Umrühren auf 52 bis 55 Grad Celsius erwärmt werden. Nach dem Absetzen wird weitere Molke abgeschöpft. Mit einem Tuch, dem sogenannten Fischtuch, ziehen die Käser den Bruch aus dem Kessel und füllen ihn in Formen, die mit Tüchern ausgelegt sind.

Nach dem (besonders vorsichtigen) Pressen kommen die Käse, je 24 bis 40 Kilogramm schwer, in den Reifungskeller, wo sie ein Jahr lang bei 16 bis 18 Grad Celsius und hoher Luftfeuchtigkeit sorgfältig gepflegt werden. Dann erst beginnt die endgültige Lagerung bei niedrigeren Temperaturen. Eine Kommission des Käsekonsortiums Parmigiano Reggiano klassifiziert den vom Käsemeister für gut befundenen Parmesan: *scelto* (auserlesen) ist die Bezeichnung für die erste Qualität. Leicht fehlerhafte Käse werden mit *zero* (null) bezeichnet, deutlich fehlerhafte Käse kommen in die Kategorie *uno* (eins) oder *due* (zwei).

Parmesan, von dem schon Boccaccio in seinem Decamerone schwärmte und der dem französischen Komödiendichter Molière im fortgeschrittenen Alter als hauptsächliche Nahrung diente, wird in Stücken als Dessertkäse, vor allem aber gerieben als Speisewürze für viele italienische Gerichte verwendet.

Das italienische Sprichwort „Reibe den Käse erst, wenn die Nudeln schon kochen“ muß man nicht wörtlich nehmen. Richtig ist aber, daß frisch geriebener Parmesan jeder Fertigpackung Reibkäse vorzuziehen ist. Denn der geriebene Käse verliert durch den Luftsauerstoff an Aroma.

Recht unvollständig sind eigentlich diese beiden Bilder vom unnachahmlichen Parmesan, dem Parmigiano Reggiano. Unvollständig deshalb, weil die Herstellung dieses so berühmten Käses viel komplizierter ist, als es zwei Bilder beschreiben könnten. Aus der Entstehungsphase zeigt die Abbildung links das Einlegen der Käselaibe in das Salzbad und rechts das krönende Resultat – den oft kopierten, aber unerreichbaren echten Parmesan.

Aus Bauernhäusern und Fabriken: Gouda

Der Gouda aus Gouda nahe Rotterdam, an Ort und Stelle Goudse Kaas genannt (was etwa „chaudse kaas“ gesprochen wird), ist der bekannteste und mit 65 Prozent der Gesamtproduktion auch erfolgreichste niederländische Käse. Normalerweise reiht man ihn in die Gruppe der Schnittkäse ein, obwohl ein alter Gouda eher etwas von einem harten Parmesan hat: Er kann so trocken werden, daß man der Rinde nur noch mit der Säge beikommt und der „Inhalt“ gebrochen statt geschnitten werden muß. Gouda ist seit dem 16. Jahrhundert der Handelsmittelpunkt für Goudse Kaas. Hier steht noch heute die alte städtische Kaaswaag, die Käsewaage, ein Zentrum für die Gewichts- und Qualitätsprüfung des Käses, und von hier aus exportierten die Niederländer ihren Käse, zunächst auf dem Landweg nach Deutschland, später bis in den Mittelmeerraum. Und vor der Käsewaage verkaufen die Bauern noch heute allwöchentlich am Donnerstag ihren Goudse Boerenkaas, den Gouda-Bauernkäse.

Denn auch der Gouda war einst ein reiner Bauernkäse, auf Hunderten von Höfen in Handarbeit hergestellt. Die Zahl der Hauskäsereien hat sich inzwischen zwar zugunsten der Fabriken verringert, spielt aber immer noch eine bedeutende Rolle – und der Feinschmecker ist glücklich, wenn er einen echten Bauerngouda ergattern kann. Acht Prozent der Goudaproduktion entfallen auf Bauerngouda.

Daß der Gouda unter diesem Namen eingebürgert wurde, freut die Bewohner des Dorfes Stolwijk, nahe Gouda gelegen, überhaupt nicht. In Stolwijk nämlich wurde der Gouda erstmals hergestellt, und zuerst nannte man ihn auch *Stolkse Kaas*. Noch heute gilt der Gouda aus Stolwijk als besonders gelungen.

Längst wird Gouda auch in vielen anderen Ländern hergestellt, in Deutschland als „Deutscher Gouda“ und meist in Brotform, seltener in der traditionellen Laibform. Deutscher Gouda muß mindestens fünf Wochen alt sein, bevor er verkauft werden darf.

Die Niederländer unterscheiden drei Altersstufen: den jungen Gouda mit weich-sahnigem Teig, der sich besonders gut für alle Gerichte eignet, bei denen der Käse schmelzen soll, den mittelalten und schnittfesten, der als Tischkäse und Brotbelag gut geeignet ist, und den alten mit festem Teig und pikantem Geschmack, der einen idealen Reibkäse abgibt und sich auch als Fonduebeigabe eignet. Von jungem Gouda spricht man bei einer Reifezeit von höchstens sieben Wochen, mittelalter sollte zwei bis fünf Monate abgelagert sein, alter fünf Monate und darüber. Bauerngouda ist oft neun Monate alt und älter. Hergestellt wird der Gouda in der Fabrik aus pasteurisierter, auf dem Bauernhof meist noch aus roher Milch. Der Bruch wird nachgewärmt, die beste Reifetemperatur liegt um 15 Grad Celsius.

Die Kugeln von Alkmaar: Edamer

Wie der Gouda, mit dem er eng verwandt ist, stammt der Edamer aus den Niederlanden. Er gehört ebenfalls zu den Schnittkäsen, wird auf ähnliche Weise produziert wie der Gouda und hat den „Holländer Käse" weltweit bekannt gemacht, so daß alle Welt davon haben wollte – und den Edamer nachmacht. In der Bundesrepublik kommt „Deutscher Edamer" in Brotformen auf den Markt, die im Laufe der Zeit immer länger werden, weil man so mehr Käsescheiben und weniger Abfall bekommt.

Die Urform des Edamer ist eigentlich die Kugel, für den Export mit der traditionellen roten (seltener gelben) Wachsschicht überzogen, Stück für Stück 1,7 bis 2,5 Kilogramm schwer. Wer Edamer-Kugeln sehen will, sollte im Sommer an einem Freitag nach Alkmaar in der Provinz Nordholland fahren. Hier findet seit 350 Jahren der berühmteste Käsemarkt der Welt statt, abgewickelt nach traditionsreichem Zeremoniell. Die Käsekugeln, auch Käseköpfe, Manbollen oder Maurenköpfe genannt, werden von den Mitgliedern der Käseträgergilde auf den Marktplatz gebracht. Je zwei Männer in historischen Uniformen – die Farbe der Hüte richtet sich nach der jeweiligen Handelsfirma – tragen auf einer Art Transportschlitten bis zu achtzig Käsekugeln – da kommen leicht 200 Kilogramm zusammen. Auch der Edamer, benannt nach der Stadt Edam, die so lange eine Hafenstadt war, bis der 30 Kilometer lange Abschlußdamm das IJsselmeer von der Nordsee abtrennte, war einst ein reiner Bauernkäse. Heute wird er praktisch nur noch in Fabriken hergestellt. Diese Entwicklung begann schon im 19. Jahrhundert, als die ersten Genossenschaftskäsereien entstanden.

Im Vergleich zum Gouda hat junger Edamer einen milderen, gut schnittfesten Teig mit kleiner Lochung und zartem Geschmack. Reifer Edamer kann ausgesprochen pikant sein. Daß Edamer auch eine längere als die eingeplante Lagerung gut verträgt, belegen die Niederländer mit einem Edamer, der sich 1956 im letzten Expeditionslager der Südpolarexpedition des Briten Robert Falcon Scott fand. Scott hatte 1912 den Wettlauf zum Pol verloren und war mit seinen Gefährten im Schneesturm umgekommen. Der Edamer überstand die fast 44jährige Lagerung im Eis des Südpols ausgezeichnet und war immer noch gut genießbar.

Eine Touristenattraktion ersten Ranges ist der Käsemarkt von Alkmaar, der jeden Freitag ab 10 Uhr abgehalten wird. Rund 25 000 Käsekugeln Edamer in gelber oder roter Paraffinrinde werden hier an einem solchen Markttag versteigert. Und die Holländer wissen, warum sie das Zeremoniell dieser fast 400jährigen Tradition so belassen haben, wie es seit 1599, als das Wiegehaus erbaut wurde, überliefert ist.

Neben den unzähligen Käsekugeln sind es vor allem die schneeweiß gekleideten Käseträger, die dem bunten Treiben ihren Akzent aufsetzen. Die Trägergilde ist so alt wie der Alkmaarer Käsemarkt selbst und besteht aus dem Vormann und 28 Trägern. Die verschiedenfarbigen Hüte weisen auf die Zugehörigkeit zu einer bestimmten Lagerhausgesellschaft hin. Nach ausgiebigem Feilschen zwischen Käufer und Händler wird der Kaufpreis per Handschlag besiegelt, und die Träger bringen den Käse auf ihren schlittenartigen Tragegestellen zum Wiegehaus. Bei einem Gewicht von rund 2 kg je Käse und 80 Kugeln auf dem Schlitten lasten immerhin über 160 kg auf den Schultern der beiden Träger. Eine beachtliche Leistung, zu der noch ein erhebliches Maß an Geschicklichkeit kommt.

Schnittkäse aus Ostpreußen: Tilsiter

Das erste Rezept für Tilsiter Käse legte um 1840 eine ostpreußische Gutsbesitzerin aus der Nähe von Tilsit, Frau Westphal, schriftlich nieder. Freilich war sie nicht die Erfinderin dieses berühmten Käses. Mit Sicherheit wurde Tilsiter in Ostpreußen schon viel früher produziert, und zwar von Fachleuten, die aus Käseländern eingewandert waren, beispielsweise aus der Schweiz. Diese Fachleute erprobten an Milch von ostpreußischen Kühen ihre heimatlichen Erfahrungen. Allerdings kam etwas ganz anderes dabei heraus, als sie sich vorgestellt haben mochten – eben keine Kopie des Emmentalers oder eines anderen bekannten Käses, sondern der eigenständige Tilsiter.

Denn mit Käse-Nachahmungen ist es so eine Sache. Nicht ein bestimmtes Rezept ist maßgebend für das Ergebnis, sondern in größerem Umfang Art und Qualität der Milch, damit also der Nahrung, aus der die Kühe ihre Milch erzeugen. Käse ist stets ein Produkt des Bodens, auf dem das Futter wächst. Und schließlich spielten früher auch die „ortsansässigen" Bakterien- und Pilzstämme eine Rolle. Erst als es gelang, Reinkulturen zu züchten, sollte sich das ändern, war es leichter möglich, manche Käsesorten an vielen Orten zu produzieren.

Der Tilsiter, einziger Käse von Weltrang, der eindeutig auf deutschem Boden entstanden ist, breitete sich zunächst über Ost- und Westpreußen, dann über ganz Norddeutschland aus. Seit 1897 produzieren die Schweizer ihren eigenen Tilsiter, seit 1901 gingen auch die Allgäuer Käsereien zur Erzeugung von Tilsiter über. Andere deutsche und fremde Länder folgten.

Tilsiter wird aus pasteurisierter Milch hergestellt. Die Molke muß, da der Käse nicht gepreßt wird, abtropfen, bevor der Bruch in die Formen gefüllt wird. Manchmal wäscht man sie auch aus. Der Reifevorgang beginnt in einem „Schwitzraum" bei 30 bis 35 Grad Celsius. Es folgen das Salzbad und die Reifung im kühleren Keller. Regelmäßig werden die Käsebrote oder -laibe mit Salzwasser gewaschen, dem Rotschmierekultur zugesetzt ist. Auch wenn dieser Außenschimmel vor dem Verkauf meist antrocknet oder abgewaschen wird, zählt man den Tilsiter zu den festen Schnittkäsen „mit Schmiere".

Unter Hinweis auf die Wünsche der Verbraucher, die einen milden Tilsiter bevorzugen, kommt dieser Käse im allgemeinen nach einer nur wenige Wochen dauernden Kurzreifung auf den Markt. Wer einen „vollmundigen", pikanteren Tilsiter sucht, hat selten Glück – es sei denn, er läßt sich ein Stück dänischen Havarti abschneiden. Dieser nach dem Vorbild des Tilsiters produzierte Käse entspricht dem traditionellen ostpreußischen Tilsiter eher als das, was unter diesem Namen heute bei uns verkauft wird.

Der Vetter des Bel Paese: Butterkäse

Als die Italiener 1941 unter den Käsesorten ihres Landes Ordnung zu schaffen bemüht waren, erfanden sie eine neue Bezeichnung für eine ganze Gruppe von Käsen, die sich alle durch auffallend milden Geschmack und fast ganz fehlenden Käsegeruch auszeichneten. Künftig sollten diese Käse, etwa der Fior d'Alpe, Bella Alpina, Lombardo und Bel Piemonte, unter dem Namen „Italico" angeboten werden.

Zu den neuen Italico-Käsen gehörte auch der seit 1921 in der Lombardei hergestellte Bel Paese, ein Erzeugnis, dessen Namen sich die große Käsefirma Galbani schützen ließ. Weil Galbani nicht nur in Italien, sondern auch in vielen anderen Ländern gute Geschäfte machte, setzte sich der Bel Paese bald an die Spitze der Italico-Käse. Und schließlich wurde, ganz im Gegensatz zur Absicht der Gesetzgeber, Bel Paese zu einer Art Sammelbegriff für das, was eigentlich Italico heißen sollte.

Warum der nach Auffassung von Käsefreunden doch recht charakterschwache Käse vom Bel-Paese-Typ so gewaltig Karriere machte, ist ziemlich einfach zu erklären: Viele Verbraucher bevorzugen heute Käsesorten, die sich weder durch Geruch noch durch Geschmack stark bemerkbar machen. Und der starken Nachfrage war es zu verdanken, daß auch in Deutschland versucht wurde, eine Art Italico herzustellen.

Im Allgäu entstand um 1927 der erste Käse dieser Art. Seines butterähnlichen Aromas wegen wurde er Butterkäse getauft, seiner Konsistenz verdankt er die Einordnung in die Gruppe der halbfesten Schnittkäse. (In der Anfangszeit war er von so weicher Beschaffenheit, daß er als Weichkäse geführt wurde.)

Butterkäse wird bei hohen Verarbeitungs- (38 bis 40 Grad Celsius) und bei Lagertemperaturen hergestellt, die sich Kühlschrankniveau nähern. Dadurch erhält der Käse seine weiche Teigbeschaffenheit und sein zartes Aroma.

Die in Scheiben geschnittenen Butterkäse-Würste oder -Laibe dienen vor allem als Brotbelag. Auf einer Käseplatte kann sich Butterkäse gegenüber duftenderen Sorten nicht durchsetzen, und er sollte tunlichst auch nicht zusammen mit ihnen gelagert werden: Gefahr der Aromaübertragung.

Nächste Doppelseite: Herstellung von Bergkäse in den Tiroler Alpen. Noch heute wird während der langen Sommermonate auf den Sennhütten der Käse so hergestellt wie seit Hunderten von Jahren überliefert. Oft arbeitet der Senn bis in die Nacht hinein beim Schein einer Petroleumlampe, da elektrischer Strom auf abgelegenen Hütten vielfach noch unbekannt ist. Mit der alten Käseharfe zerkleinert der Senn den Bruch, bevor er ihn in die traditionelle Holzform einfüllt.

Zu Bier schmeckt er am besten: Weißlacker

Daß Käse und Wein gut miteinander harmonieren, ist eine altbekannte Tatsache. Es gibt aber auch eine ganze Reihe typischer „Bierkäse“, von denen der Weißlacker unter Spezialisten am höchsten bewertet wird.

Seinen Namen hat der halbfeste Schnittkäse, ein Verwandter des Limburger und des Romadur, von seiner weißlichgelben Oberfläche mit lackartiger Schmiere. Er schmeckt kräftig-pikant, hat einen ziemlich hohen Salzgehalt (über sieben Prozent) und verbreitet einen durchdringenden Duft.

Der pikante Geschmack macht ihn zum idealen Bierbegleiter, weshalb man ihn in Bayern auf jeder Dult und natürlich auf dem Oktoberfest findet. Gegen den Salzgehalt haben die Wirte nichts einzuwenden, er fördert den Bierdurst, wohl aber die Ärzte, die Menschen mit hohem Blutdruck vom Genuß des Weißlackers abraten müssen (wer einen niedrigen Blutdruck hat, kann dagegen Weißlacker als „Medizin“ verspeisen). Und dem Geruch sagt man nach, er sei ein ideales Mittel, um ein Zugabteil ganz für sich allein zu bekommen – man brauche nur eine Weißlacker-Brotzeit auszupacken, und schon sähen sich alle Mitreisenden gezwungen, das Weite zu suchen.

Weißlacker wird von Hand hergestellt. Die Bruchkörner müssen walnußgroß sein. Den in Holzkästen gefüllten Bruch zerschneidet der Käser in Würfel, die in Formkästen reifen müssen – bis zu zehn Monate dauert das. Reifer Weißlacker ist zart, geschmeidig und schnittfest.

Über die Entstehung dieser Käsesorte gibt es mehrere Lesarten. Einerseits wird berichtet, der Weißlacker sei 1874 von den Brüdern Anton und Josef Kramer in Wertach im Allgäu systematisch entwickelt worden. Andererseits geht die Sage, die Kramers hätten einen mißratenen, zu salzigen Limburger im Keller abgestellt, weil er sich nicht verkaufen ließ. Endlich sei es ihnen aber doch gelungen, den mittlerweile von einer weißen „Lackschicht“ bedeckten Käse einem Käsehändler anzudrehen, der damit dann ungeahnte Erfolge erzielte.

Wie dem auch sei, als Josef Kramer 1908 zu Grabe getragen wurde, war er ein vermögender Mann. Und die Wirte schworen sich, stets an ihn zu denken, weil sein Weißlacker dazu geeignet war, ihren Bierumsatz zu steigern.

Nächste Doppelseite: Der Roquefort ist der berühmteste aller Schafkäse und der König der Edelpilze. Mancher Kenner nennt ihn schlichtweg den besten aller Käse überhaupt. Der unnachahmliche Roquefort reift nur in den Gewölben und Grotten des Combalou-Berges südlich des französischen Zentralmassivs. In diesem ausgedehnten Labyrinth des vor Urzeiten in sich zusammengestürzten Berges hat sich ein einmaliges Innenklima gebildet, das ständig zwischen 7 Grad und 9 Grad Celsius Temperatur und eine relative Luftfeuchtigkeit von 95 Prozent aufweist. Durch die fleurines genannten natürlichen Schächte wird dem Gewölbe stets frische und feuchte Luft zugeführt, und so können sich die für den so begehrten Käse verantwortlichen Mikroorganismen vom Typ des Penicillium roqueforti *ungestört entwickeln.*

Der Wunderkäse aus dem Combalou: Roquefort

Welchem Käse der Titel eines Königs der Käse zuzusprechen sei, ist unter Feinschmeckern umstritten. Manche schwören auf Emmentaler, andere auf Brie, wieder andere auf Parmesan. Daß aber der unnachahmliche Roquefort weit an der Spitze aller Käsesorten rangiert, wird von keinem Fachmann bestritten.

Roquefort ist der einzige Schafkäse von Weltruf. Er gehört zu den halbfesten Schnittkäsen, Kategorie Edelpilzkäse. Der weiche bis speckige Käseteig wird von zahlreichen blauen, blaugrünen oder gräungrauen Edelpilzadern durchzogen. Roquefort wird in zylindrischen Laiben, etwa 2,7 Kilogramm schwer, hergestellt. Er schmeckt würzig-aromatisch, pikant – und das auf eine unaufdringliche Weise, die Fachleute „diskret-vornehm" nennen.

An den Edelpilzadern trägt ein Schimmelpilz, *Penicillium roqueforti* genannt, die Schuld. Es gibt ihn auch anderswo, er gedeiht auf Roggenbrot (und wird auf diese Weise auch in aller Welt gezüchtet). Aber nur in einem bestimmten französischen Höhlensystem, im Berg Combalou, südlich des französischen Zentralmassivs und südwestlich der Gorges du Tarn, entwickelt sich aus dem Rohkäse der allseits geschätzte Roquefort.

Der Berg Combalou besteht aus Kalkstein, der im Lauf der Erdgeschichte immer mehr ausgewaschen wurde, bis er schließlich zusammenbrach. Die Katastrophe hatte segensreiche Auswirkungen. Die Trümmer des Berges schoben sich so zusammen, daß ein riesiges System von Höhlen und Schächten entstand. Zahllose Felsspalten, *fleurines* genannt, sorgen für stets gleiche Temperatur, frische Luft und konstante Luftfeuchtigkeit – das ideale Klima für das Wachstum des Penicillium-Pilzes. In den Höhlen, die durch An- und Ausbauten erweitert wurden und nun ein Volumen von 90 000 Kubikmeter haben, reifen jährlich 16 000 Tonnen Roquefort. Mehr ist nicht möglich, einerseits wegen des begrenzten Fassungsvermögens der Höhlen, andererseits, weil es nicht genug Schafmilch gibt. Schon heute werden die Lieferungen aus der Umgebung des Combalou aufgestockt durch Schafmilch aus den Pyrenäen und von der Insel Korsika.

Schon der Bruch der aus roher Schafmilch hergestellten Käse wird mit dem Schimmelpilz geimpft. Die geformten Käse entstehen außerhalb des Berges Combalou, der lediglich als riesiger Reife- und Lagerkeller dient. Die Roquefortlaibe werden angestochen, damit sich der Pilz im Innern ausbreiten kann. Sobald dies im notwendigen Umfang geschehen ist, muß die weitere Pilzausdehnung gestoppt werden. Das geschieht durch Einschlagen in Zinnfolie. Bei kühlerer Lagerung vollzieht sich nun der restliche Reifevorgang. Der vollreife Käse wird gekühlt, damit das ganze Jahr über ideal-reifer Roquefort zur Verfügung steht. Vor dem Versand werden die Käse in Alufolie verpackt.

Roquefort sollte man stets temperiert, also zimmerwarm, genießen. Er paßt auf die Käseplatte und den Dessertteller, es gibt aber auch eine Reihe von Spezialgerichten, vor allem Saucen und Suppen. Fachleute schätzen ihn pur.

Wie es zur Erfindung des Roquefort gekommen sein könnte, erzählt eine alte Legende. Danach vergaß ein am Berge Combalou seine Schafe überwachender Schäfer sein Roggenbrot mit Schaf-Frischkäse in einer der Höhlen, abgelenkt durch ein feuriges schwarzhaariges Mädchen. Monate später fand er das Käsebrot wieder – der Käse war nun ebenso wie das Brot von blauen Schimmeladern durchzogen. Er probierte und fand das Käsebrot köstlich. Fortan gab es Roquefort.

So oder ähnlich muß es gewesen sein. Nur – wann sich das abspielte, zur Bronzezeit oder bei den alten Galliern, ist völlig offen. Fest steht nur, daß alle Versuche, einen Original-Roquefort andernorts zu kopieren, fehlgeschlagen

sind. Zwar gibt es unzählige Edelpilzkäse, die ihre Schimmeladern ebenfalls einem Penicillium-Pilz verdanken. Aber einen Berg Combalou gibt es eben nur einmal. Und außerdem schützen französische Gesetze und internationale Vereinbarungen den Käse von Combalou vor der Nachahmung. Zumindest die Bezeichnung „Roquefort", einst in vielen Ländern üblich, darf nicht verwendet werden – für Deutschland legte das der Versailler Vertrag fest, der gleichzeitig den deutschen Schaumweinherstellern das Recht absprach, ihre Erzeugnisse weiterhin „Champagner" zu nennen.

Seitdem trinken wir Sekt.

Milch von müden Kühen: Gorgonzola

Unter den italienischen Edelpilzkäsen ist der Gorgonzola, so benannt nach dem Ursprungsort nahe Mailand, der berühmteste. Es gibt ihn schon seit über tausend Jahren, und seine Entwicklung verlief durchaus eigenständig, war also nicht vom Roquefort abhängig.

Was heute schlicht Gorgonzola genannt wird, kam früher als Stracchino di Gorgonzola in den Handel. Das italienische Wort *stracco* heißt „müde". Wenn die Kühe im Herbst von den Almwiesen zur Überwinterung in die milde Po-Ebene getrieben wurden, waren sie vom langen Marsch müde. Aus der Milch dieser müden Kühe wurde einst, und folgerichtig nur in den Wintermonaten, Gorgonzola bereitet. Die Tiere gaben nur wenig Milch. Es lohnte sich nicht, täglich Käse zu bereiten. Der Bruch wurde tagelang gesammelt. Dabei konnte es nicht ausbleiben, daß der ältere Bruch schon zu schimmeln begonnen hatte. Der Edelschimmel pflanzte sich durch die ganze Bruchmasse fort.

Es gibt aber auch eine andere Entstehungslegende. Danach zahlten die Käser, wenn sie sich abends in ihre Stamm-Osteria in Gorgonzola begaben, mit frisch bereitetem Käse. Der Wirt sammelte das „Zahlungsmittel" in einem Nebenraum der Gaststätte in der Hoffnung, den Käse bald weiterverkaufen zu können. Die älteren Käse begannen zu schimmeln und entwickelten grüne Edelpilzadern. Davon wollte der Käsehändler nichts wissen. Die Schimmeladern wurden herausgeschnitten. Erst später merkte man, daß der verschimmelte Käse ausgezeichnet schmeckte.

Bis ins 19. Jahrhundert wurde Gorgonzola nur im Handbetrieb und in kleinen Mengen hergestellt. In den Höhlen des Valassinatals reifte der Käse, ähnlich wie der Roquefort im Berg Combalou, in einem fast einjährigen Reifeprozeß heran. Heute ist die Gorgonzola-Herstellung weitgehend industrialisiert. Der haselnußgroß geschnittene Bruch wird mit *Penicillium gorgonzola* geimpft. Die geformten Käse sticht der Käser an, damit der Pilz gleichmäßig eindringen kann. Gorgonzola reift bei Temperaturen zwischen vier und fünf Grad Celsius vorwiegend in Kühlhäusern. Seit der Einführung des Schnellverfahrens ist ein Gorgonzola schon nach siebzig bis achtzig Tagen genießbar.

Gorgonzola ist einer der mildesten Edelpilzkäse, zugleich einer der weichsten – er müßte eigentlich als Weichkäse eingestuft werden, wird aber allgemein als halbfester Schnittkäse bezeichnet. Neben dem Gorgonzola mit Innenschimmel, der vor allem als Dessertkäse verspeist wird, gibt es noch den Gorgonzola bianca oder Pannarone mit leichtem Außenschimmel, aber ohne die inneren Edelpilzschimmeladern.

Mrs. Paulet's Edelpilzkäse: Stilton

Stilton ist für Briten *der* Edelpilzkäse schlechthin – ein Käse mit Stil und Tradition, den manche für so edel halten, daß sie es ablehnen, ihn auf einer Käseplatte mit anderen, profaneren Käsen zu vereinigen: Stilton, ein typischer Dessertkäse, muß für sich allein genossen werden, am besten mit einem Glas Portwein und sonst gar nichts.

Die Legende berichtet, eine gewisse Mrs. Paulet, Haushälterin auf Quenby Hall in Leicestershire, dem Landsitz von Lady Beaumont, habe sich um die Stilton-Herstellung verdient gemacht. Weil nicht aller von ihr produzierter Käse im Haushalt verbraucht werden konnte, belieferte sie ihren Schwager, Mr. Thornhill, mit dem Überschuß, den Besitzer des Gasthauses nebst Pferdepoststation „Bell Inn" nahe der Ortschaft Stilton.

Das soll um 1690 geschehen sein, und der Käse fand bei den durchreisenden Gästen großen Anklang. Jeder wollte „Mrs. Paulet's Käse" haben, und schließlich setzte sich die Bezeichnung Stilton für den blaugrün geäderten, pikanten Käse durch.

Käsehistoriker haben herausgefunden, daß ein Käse dieser Art mindestens schon fünfzig Jahre vor Mrs. Paulet bei britischen Adligen beliebt war. Und bei Daniel Defoe, Autor des unsterblichen „Robinson Crusoe", kann man nachlesen, daß er schon zehn Jahre vor Mrs. Paulet im „Bell Inn" bei Stilton Stilton gegessen haben will.

Stilton, früher ein Hausprodukt, wird heute in großem Stil hergestellt. Er besteht aus pasteurisierter Milch. Der Bruch wird mit Schimmelpilzen geimpft. Nach dem Zusammenwachsen gibt man ihn schichtweise in Formen, wobei jede Schicht gesalzen wird. Eine Woche dauert es, bis unter ständigem Wenden die Molke abgelaufen ist. Erst nach achtwöchiger Reifung pflegt man die bis zu acht Kilogramm schweren Stilton-Zylinder anzustechen, damit sich der Schimmelpilz ausbreiten kann.

Stilton im genau richtigen Reifezustand kaufen die Engländer am liebsten in den Monaten von November bis April. Wer sich einen ganzen Käse zulegt, schneidet die Rinde deckelförmig ab und zerlegt dann den Käse horizontal. Der Rindendeckel wird zur Lagerung wieder aufgelegt. Früher war es üblich, den Käse mit dem Löffel auszuhöhlen. In die Höhlung gab man etwas Portwein, um das Austrocknen zu verhindern. Weil der Käse dadurch aber nicht besser wird, raten Fachleute von diesem Verfahren ab.

Das „Innenleben" eines englischen Stilton zeigt diese Aufnahme. Der beliebte englische Edelpilzkäse wird heute aus bester Milch der Kühe von Leicestershire unter Beigabe von Schimmelpilzen hergestellt. Schon vor über 300 Jahren war Stilton bei englischen Adligen äußerst beliebt, und man genoß ihn vornehmlich mit Portwein und Brot. Stilton ist übrigens milder als andere Blauschimmelkäse, und wer es nicht allzu rezent mag, ist mit einem Stilton bestens bedient.

Drei Denkmäler für Marie Harel: Camembert

Camembert, heute ein internationaler Weichkäse, der in vielen Ländern hergestellt wird, hat seinen Ursprung in der Normandie. Seiner „Erfinderin“ wurde 1928 von einem amerikanischen Arzt in Vimoutiers nahe Camembert das erste Denkmal gesetzt. Sie hieß Marie Harel, war eine Bäuerin aus Roiville und verkaufte den von ihr hergestellten Käse ab 1791 auf den Märkten der Umgebung. Um einen mit weißlichem Schimmel bedeckten Käse handelte es sich damals freilich noch nicht, sondern um einen Rotschmierekäse. Aber er fand Anklang bei den Verbrauchern.

Madame Harel war mit Sicherheit nicht die erste, die Camembert herstellte und verkaufte. Schon Jahrzehnte früher, zu Beginn des 18. Jahrhunderts, scheint es den heute so berühmten Käse gegeben zu haben. Aber Marie Harel muß trotzdem viel zur Verbreitung des Camembert beigetragen haben – und mehr noch ihre gleichnamige Tochter, zu deren Zeit auch die Bezeichnung „Camembert“ aufkam.

1890 entwickelte ein Monsieur Ridel die Verpackung der Camembert-Flachzylinder in Spanschachteln (bis dahin hatte man ihn meist in Stroh verpackt). Erst Ridels Verpackungsidee schuf die Voraussetzungen für den weltweiten Vertrieb des Käses. Seit 1910 hat der Käse seine heutige Gestalt.

Marie Harel ist noch heute die meistgeehrte Käse-„Erfinderin“. Ein Denkmal steht vor ihrem Geburtshaus in Roiville, ein anderes in Vimoutiers (es ersetzt das 1944 bei den Kämpfen um die Normandie zerstörte Harel-Denkmal von 1928), ein drittes schließlich erhebt sich vor dem Gebäude der größten amerikanischen Camembert-Fabrik.

Französischer „echter“ Camembert (Veritable Camembert) wird noch heute aus roher Kuhmilch hergestellt. Bis etwa 1880 kam er ausschließlich aus Kleinbetrieben. Deutscher Camembert besteht dagegen aus pasteurisierter Milch – das gilt auch für Camembertsorten aus anderen Ländern und die französischen „camembertähnlichen“ Käse. Der Milch werden Schimmelpilzkulturen und Lab beigefügt. Die Käse kommen nach dem Ablaufen der Molke in ein Salzbad und werden zwei Tage lang im Trockenraum getrocknet. Im Reifungsraum zeigen sich nach etwa drei Tagen die ersten Schimmelansätze. Zehn Tage später ist der noch nicht durchgereifte Käse verpackungsfertig. Die ideale Endreife erreicht der Camembert im Käsegeschäft oder beim Verbraucher. Kühlschrankkühle kann den Reifeprozeß unterbrechen. Camembert sollte deshalb im Keller oder in der Speisekammer gelagert werden, falls er die gewünschte Reife noch nicht erreicht hat. Reifen Käse kann man dann im Kühlschrank (Käse- oder Gemüsefach) unterbringen.

Camembert zählt zu den beliebtesten Weichkäsen überhaupt. Daß die gefragten Mengen heute vor allem in Großkäsereien nach weitgehend automatisiertem Ablauf hergestellt werden, ist nicht verwunderlich. Aber auch Camembert hat sich noch die Liebe kleiner, traditioneller Käsereien bewahrt, wo er von Hand hergestellt und gepflegt wird, was ihm viele individuelle Geschmacksnuancen verleiht. Unser Bild stammt aus einem solchen Betrieb, wo der Käser gerade die mit Lab versetzte Milch in die zylindrischen Camembert-Formen gießt. Durch das Eigengewicht fließt die Molke aus, der Bruch setzt sich, und die allseits bekannte Camembert-Gestalt entsteht. Ursprünglich entwickelte sich die Schimmelpilzkultur im Reifekeller von selbst auf den Camembert-Käsen, während man heute Penicillium candidum *schon der Milch zusetzt.*

Der Käse der Könige: Brie

Mit dem Camembert ist der Brie eng verwandt. Auch er zählt zu den Weichkäsen mit weißlichem Außenschimmel, hat einen gelblichen Teig und schmeckt mild aromatisch. Auch der Brie war einst ein Rotschmierekäse, der bis zum Ende des 19. Jahrhunderts in bäuerlichen Käsereien hergestellt wurde. Und die Herstellungsverfahren beider Käse unterscheiden sich nur in Details. Freilich ist der Brie viel älter als der Camembert. Die frühesten Berichte stammen vom Anfang des 13. Jahrhunderts. In späterer Zeit galt der tortenförmige Käse als Lieblingskäse vieler Fürstenhäuser.

Richtig berühmt wurde er allerdings erst seit dem Wiener Kongreß (ab 1814). Europas Fürsten und Chefdiplomaten hatten neben ihrer politischen Aufgabe, Europa neu zu ordnen, genug Zeit für Festessen, Empfänge und Bälle. Fürst Talleyrand, stets bemüht, seine Verhandlungspartner vom politischen Geschäft abzulenken und sie bei guter Laune zu halten, war der Initiator einer Käseparty, bei der es darum ging, den besten Käse der Welt zu wählen. Sechzig Käsesorten standen zur Wahl. Die Gäste probierten eifrig und sachkundig, schließlich gaben sie ihre Stimmen ab. Zum „König der Käse" wurde ein Brie gewählt, der noch heute bekannte Brie de Meaux. Und ein Spötter kommentierte, Frankreich habe zwar einen Krieg verloren, dafür aber der Welt einen Käse geschenkt.

Französischer Brie kommt heute wie damals hauptsächlich von der Ile de France, der Gegend rings um Paris, und aus der Champagne. Die Milch wird mit *Penicillium candidum* geimpft (zusätzlich besprüht man die geformten Käse später noch einmal mit Pilzkulturen). Den Bruch hebt man schichtweise in Ringformen, die früher aus Holz bestanden und heute aus Edelstahl angefertigt werden. Der Brie reift etwa vier Wochen lang bei einer Temperatur von elf bis zwölf Grad Celsius. Bei niedrigeren Temperaturen kann die Reifezeit Monate dauern.

Wie Camembert wird Brie im allgemeinen vor Erreichung der Vollreife verkauft (und auch so verspeist). Kenner bevorzugen den besonders aromatischen, voll ausgereiften Brie, der im übrigen auch leichter verdaulich ist als der halbreife.

In Frankreich kommen die ganzen Brie-Torten in den Handel, meist mit regionalen Zusatzbezeichnungen (z. B. Brie de Meaux, Brie de Melun). In Deutschland werden meistens Teilstükke („Tortenstücke") verkauft.

Die beiden Handfesten: Limburger und Romadur

Ähnlich wie der schon beschriebene Weißlakker sind Limburger und Romadur, beide eng verwandt, in erster Linie Käse, die besonders gut mit Bier zusammenpassen (obwohl man sie durchaus auch mit einem kräftigen Rotwein kombinieren kann). Die beiden stangenförmigen Käse gehören zu den Weichkäsen, ihr rindenloses Äußeres ist von typischer Rotschmiere überzogen, die auf die Behandlung der Käse mit *Bacterium linens* zurückzuführen ist, einer schmierebildenden Mikrobenkultur. Übrigens wird die Rotschmiere bei beiden Käsen im allgemeinen nicht mitgegessen, man schabt sie vor dem Genuß ab.

Beide Käse duften mehr oder weniger durchdringend, was nicht jeder Käsefreund schätzt. Beide schmecken kräftig und pikant, aber längst nicht so deftig, wie man es nach dem Geruch annehmen müßte. Als typische „Brotzeitkäse“ zum Bier spielen sowohl Limburger als auch Romadur vor allem im Bierland Bayern eine große Rolle. Hier dürfen sie auf keiner Dult und auf keinem Bierfest fehlen, und wer sich auf die Reise zum berühmten Kloster Andechs aufmacht, wird sich zu dem von Mönchen ausgeschenkten Bier an der Selbstbedienungstheke gern auch einen Romadur-„Backsteinkas“ holen.

Der Limburger hat seinen Namen von der belgischen Stadt und Provinz Limburg bei Lüttich. Seit etwa 1830 wird er auch in Deutschland, hauptsächlich im Allgäu, hergestellt. Woher der Romadur seinen Namen hat, ist nicht klar. Manche Käsehistoriker führen ihn auf das französische *remoudre* (nachmelken) zurück, andere auf den fetten spanischen Schafkäse Ramadon.

Die Reifezeit der beiden Käse hängt von der Größe ab. Ein normal großer Limburger (500 bis 560 Gramm) braucht etwa vier Wochen, ein Kleinlimburger (bis 270 Gramm) ist nach drei Wochen genau richtig zum Verspeisen, ein Romadur (bis 150 Gramm) schon nach etwa zwei Wochen.

Aus Quark und fettarm: Sauermilchkäse

In bäuerlichen Haushalten wurden die Sauermilchkäse früher für den Eigengebrauch selbst gemacht. Heute kaufen ihn auch die Bauern fix und fertig aus industrieller Produktion. Trotzdem haftet diesen Käsen, die die Käseverordnung als eigene Gruppe zusammenfaßt, immer noch etwas „Handgemachtes“ an.

Sauermilchkäse bestehen immer aus Sauermilchquark, hergestellt aus Magermilch und deshalb extrem fettarm (unter zehn Prozent Fett i. Tr.). Um die Säuerung der Milch zu beschleunigen, werden Kulturen von Milchsäurebakterien zugesetzt. Auch eine Mischung aus Sauermilch- und Labquark ist möglich.

Der Quark wird gemahlen, mit (je nach Sorte) Rotschmiere- oder Schimmelpilzkulturen geimpft, in Form gebracht (größere oder kleinere Flachzylinder, Stangen usw.) und kurzzeitig gereift. Der Verbraucher selbst kann bestimmen, ob er einen Sauermilchkäse mit einer noch nicht gereiften, weißen Mittelschicht bevorzugt oder einen Käse, der schon ziemlich „durch“ ist, also aus gleichmäßig speckiger Käsemasse besteht.

Vom Quark abgesehen, ist Sauermilchkäse zweifellos die älteste Käsesorte überhaupt. Die Herstellung in Sauermilchkäsereien scheint aber nicht vor Ende des 18. Jahrhunderts begonnen zu haben. Um 1770 wurden im damaligen Mähren schon Olmützer Quargl im Käsereibetrieb hergestellt, seit 1785 ist eine Sauermilchkäserei in Hessen bezeugt. 1820 gilt als Geburtsjahr der Mainzer Handkäse, eine Bäuerin aus Groß-Gerau soll diese beliebten Käse zuerst hergestellt und verkauft haben. Andere Sauermilchkäse sind der Harzer aus der Gegend von Hildesheim, der österreichische Sura und der Tiroler Graukäse, der seinen Namen wohl von den für die Reife verantwortlichen blaugrauen Schimmelpilzen hat.

Quark und seine Verwandten: Frischkäse

Frischkäse nennt die Käseverordnung alle Käsesorten, die aus Quark gewonnen werden (auch der Quark selbst gehört dazu) und frisch, also ungereift, in den Handel kommen. Ausgangsmaterial ist stets pasteurisierte Kätereimilch. Während Quark für den Verbrauch im Umkreis der Molkerei schon seit langem industriell hergestellt wird, sind die anderen Frischkäsesorten für Produktion und Handel im großen erst interessant geworden, seitdem es genügend Kühlmöglichkeiten, auch für den Transport, gibt. Im Gegensatz zu den meisten anderen Käsesorten müssen Frischkäse auch im Haushalt stets gut gekühlt gelagert werden.

Speisequark kann jeder selber machen. Es genügt, die rohe Milch in einem nicht zu kühlen Raum einige Zeit stehenzulassen. Milchsäurebakterien aus der Luft sorgen für das Dicklegen. Wenn man die Flüssigkeit (Molke) absiebt, bleibt Quark zurück.

In der Praxis geschieht das aber auch in bäuerlichen Haushalten kaum noch. Speisequark kommt aus den Molkereibetrieben, die dabei stets von Magermilchquark ausgehen. Durch Zusatz von Sahne kann man den mageren Quark dann auf die gewünschte Fettgehaltsstufe „auffetten".

Nach der Käseverordnung gibt es nur die Bezeichnungen „Quark" oder „Speisequark". Das ändert nichts an den herkömmlichen landschaftlichen Bezeichnungen. So heißt der Quark in Bayern und Österreich Topfen, in Baden Bibbeleskäs, in Württemberg Luckeleskäs, in Frankfurt Siebkäs und am Niederrhein Klatschkäse. In Ostpreußen war er als Glumse bekannt.

Mit dem Speisequark verwandt ist der Schichtkäse, bei dem mehrere Schichten Quark mit unterschiedlichem Fettgehalt (und deshalb auch unterschiedlicher Farbe) übereinander geschichtet werden.

Vom Schichtkäse ist es nur ein Schritt zu Rahm- und Doppelrahm-Frischkäse, hergestellt aus Vollmilch mit Sahnezusatz, meist in Quaderform verkauft und in Alufolie verpackt. Doppelrahm-Frischkäse können bis zu 85 Prozent Fett in der Trockenmasse enthalten, gehören also nicht unbedingt zur Schlankheitskost – was ihrer Beliebtheit keinen Abbruch tut.

Vorbild des Rahm- und Doppelrahm-Frischkäses waren französische Frischkäse, beispielsweise der Suisse, den die Bäuerin Madame Héroult in Villiers in der Normandie zuerst herstellte und nicht nur in der Umgebung anbot, sondern auch auf dem Pariser Großmarkt, in den *Halles*. Dort begann sich der junge Angestellte einer Käsefirma namens Charles Gervais für den Suisse zu interessieren. Gemeinsam mit Madame Héroult gründete er unter seinem Namen in Ferrières in der Normandie eine Käsefabrik, die den Frischkäse weltweit bekannt machte.

Die jüngste bei uns aktuell gewordene Frischkäse-Entwicklung ist der aus den USA stammende Cottage Cheese, bekannter unter Handelsmarken wie Hüttenkäse (Gervais) oder Jocca (Kraft). Darunter ist ein feuchter, körniger Frischkäse zu verstehen, der aus gesäuerter Milch hergestellt wird und nur etwa vier Gramm Fett in 100 Gramm Käsemasse enthält – die ideale Kost für Leute, die auf ihre schlanke Linie achten müssen.

Von immer gleicher Beschaffenheit: Schmelzkäse

„Schmelzkäse ist das Erzeugnis, das aus Käse durch Schmelzen unter Anwendung von Schmelzsalzen hergestellt ist" – so definiert die deutsche Käseverordnung den Schmelzkäse, der zwar aus Naturkäsen bereitet, aber nicht den Naturkäsen zugerechnet wird. Schmelzkäse ist keine Zufallsentdeckung, sondern er wurde planmäßig entwickelt. Die Erfinder wollten einen haltbaren, transport- und lagerfähigen Käse von immer gleicher Beschaffenheit produzieren. Als Rohstoffe standen dafür vor allem Käse zur Verfügung, die wegen kleiner Mängel nicht als erste Wahl verkauft werden konnten. Außerdem konnte man dafür Käse verwenden, der in Überschußzeiten nicht gelagert werden konnte oder dessen ideale Lagerzeit schon überschritten zu werden drohte.

Schon 1896 meldete der Kieler Johann Christian Lassen ein Verfahren zum Patent an, Magerkäse mit Butter- und Vollmilchzusatz zu schmelzen. 1899 erwarb Jan Hendrikson Eysen ein Patent auf sein Verfahren, wärmebehandelten Holländer Käse in Blechdosen transport- und lagerfähig zu machen. Beide Verfahren bewährten sich jedoch nicht. Den entscheidenden Schritt taten die Schweizer Walter Gerber und Fritz Stettler. Sie laborierten sieben Jahre lang an einem haltbaren und tropenfesten Käse. Die Idee, zitronensaure Salze als „Schmelzsalze" der Masse beizufügen, gab den Ausschlag. Nun erst stellte sich eine homogene Käsemasse ein. 1911 kam sie erstmals als Emmentaler Schachtelkäse auf den Markt.

In den USA beschäftigte sich ab 1912 der von deutschen Einwanderern abstammende James L. Kraft, Käsehändler in Chicago, mit der Schmelzkäsebereitung. Er ging von Cheddar aus und verwendete nach vielen vergeblichen Versuchen mit anderen Zutaten schließlich Monophosphate als Schmelzsalze. Den Siegeszug des Schmelzkäses leitete er ab 1917 mit riesigen Lieferungen von Streichschmelzkäse an die in Europa kämpfenden amerikanischen Truppen ein. 1920 folgte der schnittfähige Schmelzkäse. Den ersten Schmelzkäselaib, gut zwei Kilogramm schwer, stellte der clevere Geschäftsmann mit dem ganzen Spektakel einer Hollywood-Premiere vor. Fünf Jahre später kam der schnittfähige Schmelzkäse auch in fertig abgepackten Portionen auf den Markt – als Vorläufer dessen, was heute bei uns als „Scheibletten" so erfolgreich ist.

Heute wird Schmelzkäse aus gemahlenem Naturkäse hergestellt, der unter hohem Druck bei Temperaturen um 120 Grad Celsius geschmolzen wird. Als Schmelzsalz dienen vor allem Natriumphosphate. Die Käsemasse wird in Formen gegossen und erstarrt beim Abkühlen.

Schmelzkäse ist praktisch, weil er immer in gleicher Konsistenz und mit standardisiertem Geruch und Geschmack auf den Markt kommt. Außerdem ist er besonders gut haltbar. Wer auf ausgeprägten, sortentypischen Käsegeschmack Wert legt, wird sich freilich weniger für ihn begeistern können.

Sofern Schmelzkäse nur aus einer Sorte besteht, kann er den entsprechenden Sortennamen tragen (z. B. Chester, Emmentaler). Streichschmelzkäse wird in Form von Käseecken verkauft, er besteht aus mehreren Weichkäsesorten oder aus Mischungen von Weich- mit Schnitt- oder Hartkäsen. Streichschmelzkäse mit Zusätzen (z. B. Gewürze, Pilze, Schinken, Krabben) wird als Streichschmelzkäse-Zubereitung bezeichnet. Ebenso angereicherter schnittfester Schmelzkäse heißt Schmelzkäse-Zubereitung.

Zum Schmelzkäse wird seit einiger Zeit auch der Kochkäse gerechnet. Er besteht aus Sauermilchquark, der durch Erhitzen geschmolzen wird. Dabei können Butter, Butterschmalz, Sahne und Gewürze zugesetzt werden. Erkalteter Kochkäse ist schnittfest. Im Kühlschrank hält er sich bis zu einer Woche.

Vom Umgang mit Käse

Käse ist ein lebendes Produkt – daran sollte man stets denken, wenn es um die Behandlung und Lagerung von Käse geht.

Grundsätzlich gilt, daß sich ein noch nicht aufgeschnittenes Stück Käse besser aufbewahren läßt als geschnittene Scheiben. Wer außerdem noch Besitzer eines kühlen, nicht feuchten und zudem zugfreien Kellers ist, braucht sich keine Sorgen zu machen. Sofern er den Käse auf ein Lattenrost legt (und nicht etwa auf den Fußboden), damit frische Luft an den Käse gelangt, hat er eigentlich schon alles Menschenmögliche getan. Er könnte den Käse höchstens noch in ein Tuch einschlagen, das er vorher mit Wein befeuchtet hat.

Auch eine Speisekammer mit ähnlichen Klimaverhältnissen wie der Keller ist ein guter Aufbewahrungsort für Käse. In vielen Haushalten gibt es allerdings weder das eine noch das andere. Dafür hat jeder einen Kühlschrank. Er kommt für die Käseaufbewahrung aber nur sehr begrenzt in Frage, weil der Käse darin nicht atmen kann. Tun Sie also alle festen Käsearten überhaupt nicht in das Kühlmöbel, sondern bewahren Sie sie unter einer Käseglocke auf – Omas gläserne Glocke ist längst wieder aktuell geworden. Und kaufen Sie nicht mehr Käse ein, als Sie in den nächsten zwei bis drei Tagen essen wollen. Dann haben Sie immer „frischen" Käse im richtigen Reifezustand.

Weichere Käsearten und Frischkäse, beides verpackt, nehmen den Luftabschluß im Kühlschrank nicht übel, wenn die Lagerdauer zwei bis drei Tage nicht übersteigt. Schmelzkäse ist überhaupt nicht auf den Kühlschrank angewiesen. Gekühlten Käse sollten Sie in jedem Fall einige Zeit vor dem Genuß aus dem Kühlschrank nehmen, damit er sich an die Zimmertemperatur gewöhnen kann. Dann erst kann er seinen vollen Geschmack entfalten. Und denken sie daran, daß man Käse gleich welcher Art nicht tiefgefrieren sollte – nur ganz wenige Sorten „überleben" die tiefen Temperaturen.

Wann man welchen Käse essen sollte, ist natürlich Geschmackssache. Aber es gibt ein paar Grundregeln. Zum Frühstück wird man einen milden Käse bevorzugen – morgens sind Zunge und Gaumen besonders empfindlich, ein pikanter oder sogar scharfer Geschmack wird doppelt so stark empfunden. Es könnte sich also um einen leichten Speisequark, um einen Doppelrahm-Frischkäse oder eine Ecke Schmelzkäse handeln, auch um eine Scheibe Edamer oder Butterkäse. Zum kräftigen Kaffee oder Tee paßt aber auch eine Scheibe Emmentaler oder ein Stückchen durchgereifter Brie.

Wer eine kräftige Käsestulle „für zwischendurch" liebt, wird auf etwas herzhaftere Käse zurückgreifen. Zum Mittagessen kommen warme Käsegerichte oder mit Käse überbackene Gerichte in Frage – Vorschläge dazu im Rezeptteil. Der Brauch, zum Nachtisch Käse zu reichen, hat sich in unseren Nachbarländern Frankreich und Italien bewährt. Bei uns ist er seltener anzutreffen. Zumindest bei einem festlichen Essen sollten Sie aber doch von dieser Möglichkeit Gebrauch machen. Das gilt auch für abendliche Schmausereien.

Was trinkt man zum Käse? Bier schmeckt fast immer, vor allem für die pikanteren Käsesorten sollte man es bevorzugen. Die Weinauswahl ist schon schwieriger. Im allgemeinen paßt zu einem milden Käse ein leichter, trockener Weißwein am besten. Zu herzhaften Käsesorten käme dann kräftiger Rotwein in Frage. Wenn man sich für einen Wein entscheidet, der in der gleichen Gegend gewachsen ist, aus der auch der Käse stammt, liegt man fast immer richtig.

Hier ein paar Vorschläge für die verschiedenen Käsekategorien, abgestuft von den kräftigsten zu den lieblichsten. Scharfe Käse (z. B. Roquefort, Stilton) lassen sich mit Trollinger, spanischem Rioja, Burgunder oder Bordeaux gut kombinieren. Abgelagerte Hartkäse (z. B. Emmentaler, Parmesan, Gouda) vertragen „große" Weißweine vom Kaiserstuhl, aus der Pfalz oder aus Österreich, aber auch bukettreiche Rotweine. Würzige Käse von der Art des Limburger, Bavaria blu oder Gorgonzola gehen mit Rieslingweinen aus dem Rheingau oder aus Württemberg und mit leichteren Rotweinen eine gute Ehe ein. Aromatische Käse von der Art des Camembert, Cheddar oder Gruyère sind ideale Partner vollmundiger Weißweine (Scheurebe, Morio-Muskat, Ruländer) und saftiger Spätburgunder. Milde, noch in der Reife stehende Käse schließlich, beispielsweise Butterkäse, Edamer, Brie und Fontina, sollten Sie zu spritzigen, nicht zu säurearmen, möglichst trockenen Weißweinen, zu Rosé aus Frankreich oder Portugal oder auch zu jungem Beaujolais reichen.

Ein Käseträger der kleinen Stadt Gruyères präsentiert sich in der traditionellen Tracht mit dem Oiseau genannten Holzgestell auf Schultern und Kopf. Früher, als es noch keine Seilbahnen und vierrädrig angetriebenen Geländewagen gab, mußten die auf der Alpe hergestellten Käseräder auf diese Weise ins Tal getragen werden.

Appenzeller Räßkäse

Appenzeller Chäshappech

Mit ihrem Spezialkäse betrieben die Bewohner des Schweizer Kantons Appenzell schon im Mittelalter einen blühenden Handel. Sie verkauften den würzigen Appenzeller so eifrig ins Ausland, daß für die Appenzeller selber nicht mehr genug blieb. So wurde den Käsehändlern 1571 auferlegt, zunächst den heimischen Markt zu beliefern und dann erst den Export. Heute kommt echter Appenzeller nicht nur aus dem gleichnamigen Kanton, sondern auch aus St. Gallen, Zürich und Thurgau, und zwar in zwei Sorten: einmal vollfett und aromatischmild, zum andern als kräftig-würziger Viertelfettkäse, im Lande auch als räßer Appenzeller oder einfach als Räßkäse bezeichnet.

150 g Appenzeller Räßkäse (ersatzweise 100 g Emmentaler und 50 g Kräuterkäse), 1/5 l Milch, 250 g Mehl, 1/2 Teelöffel Backpulver, 1/5 l helles Bier, 4 Eier; Backfett

Käse reiben oder hobeln, mit der erwärmten Milch mischen, bei schwacher Hitze unter ständigem Umrühren in der Milch lösen und diese Creme abkühlen lassen. Mehl mit Backpulver mischen, das Bier dazugeben und den Teig glattrühren. Käsecreme und Teig mischen, nach und nach die Eier einarbeiten, bis ein dickflüssiger Pfannkuchenteig entsteht. 40 Minuten ruhen lassen, dann den Teig portionsweise durch einen Trichter in heißes Backfett (180° C) einlaufen lassen, so daß schneckenförmige Gebilde mit etwa 7 cm Durchmesser entstehen. Die Käseküchlein beiderseits goldgelb backen, auf Küchenkrepp abtropfen lassen und heiß mit frischem Salat oder als Imbiß zu Wein oder Bier reichen.

SCHWEIZ
APPENZELLER
SWITZERLAND
SWITZERLAND

Bavaria blu

Hackbraten mit Käsefüllung

Edelpilzkäse gibt es in großer Auswahl – am berühmtesten sind der französische Roquefort und der italienische Gorgonzola. Die bayerische Variante, der Bavaria blu, ist erst einige Jahre alt, hat sich aber wegen ihrer angenehmen Milde viele Freunde erworben. Das Erfolgsgeheimnis des weißblauen Edelpilzkäses ist nicht nur sein hoher Fettgehalt (70 % Fett i. Tr.), sondern auch die Kombination von Edelschimmel im Innern der Käsemasse mit Camembert-Schimmel an der Oberfläche. Essen Sie ihn auf Apfelscheiben (joulearm) oder nach diesem Rezept:

500 g gemischtes Hackfleisch, 1 Semmel, 1 Ei, 1 Zwiebel, Salz, schwarzer Pfeffer, geriebene Muskatnuß, Edelsüßpaprika, 1 Teelöffel Butter, 1 Eßlöffel Semmelmehl, 100 g gekochter Schinken in Scheiben, 150 g Bavaria blu (ersatzweise Danablu), 4 Tomaten, 1/2 Bund Dill

Fleisch mit eingeweichter und ausgedrückter Semmel, Ei und feingehackter Zwiebel zu Fleischteig verarbeiten, mit Salz, Pfeffer, Muskatnuß und Paprika würzen. Die Hälfte davon in eine gefettete und mit Semmelmehl ausgestreute Kastenform geben. Schinkenscheiben um die dick und schmal zugeschnittenen Käsestücke wickeln, in die Mitte des Fleischteigs drücken, den restlichen Teig darüber verteilen und gut andrücken. Den Hackbraten im vorgeheizten Ofen 60 Minuten bei 200° C backen. Braten etwas abkühlen lassen, aus der Form nehmen und aufgeschnitten anrichten. Mit Tomatenachteln und Dillsträußchen garnieren. Dazu Kartoffelpüree und frischen Salat reichen. Als Getränk paßt helles Bier oder ein leichter Rotwein.

Bel Paese

Bel-Paese-Koteletts

Nach italienischem Recht ist der Bel Paese eigentlich ein „Italico". Aber diese 1941 dekretierte Bezeichnung für eine ganze Gruppe von milden, halbfesten Schnittkäsen setzte sich nicht durch, sondern nur der Handelsname Bel Paese (Schönes Land), den eine italienische Großkäserei sich schützen ließ, und zwar schon 1929.

Bel Paese ist mit dem französischen Saint-Paulin und den italienischen Robiola-Käsen eng verwandt, ebenso mit den deutschen Butterkäsen. In der Küche ist er besonders zu Käsetoasts gut geeignet. Er paßt aber auch auf den Frühstückstisch oder in Würfelform zu einer Käseplatte mit bunten Happen.

Der meist hellgelbe Bel Paese hat einen cremig-elastischen Teig ohne Löcher, die Rinde wird in der Regel paraffiniert, um Geschmacksverluste und Austrocknung zu verhindern. Sein Fettgehalt liegt im Sommer bei 48 % in der Trockenmasse, im Winter etwas höher. In Spezialrezepten verträgt er sich mit praktisch allen Zutaten, die auch kräftig gewürzt sein dürfen – Bel-Paese-Geschmack ordnet sich unter.

8 Scheiben Mortadella (etwa 200 g), 4 dicke Scheiben Bel Paese (etwa 200 g), 1 Ei, Semmelmehl; Backfett

4 Scheiben Mortadella mit möglichst gleichgroßen Käsescheiben belegen, mit den restlichen Wurstscheiben sandwichartig zudecken. Die Koteletts mit Spießchen zusammenhalten, nacheinander durch verquirltes Ei und Semmelmehl ziehen, in der Pfanne in heißem Backfett von beiden Seiten goldgelb backen und heiß zu frischem Salat reichen. Dazu paßt stilecht ein junger, leicht moussierender Barbera d'Asti.

Bergkäse

Vorarlberger Kässpätzle

Als Bergkäse bezeichnet man zusammenfassend eine Gruppe von Hartkäsen aus der Emmentaler-Verwandtschaft, die nicht im Tal hergestellt werden, sondern „hoch drob'n auf der Alm" – daher der Name. Bergkäse kommt aus allen Alpenländern, aber auch aus den Pyrenäen, aus Jugoslawien und Griechenland. Den meisten Bergkäse verspeisen die Bergbewohner selbst – man muß Glück haben, in einem deutschen Käsegeschäft ein Stück davon zu erwischen. Dabei sind die gut abgelagerten und gereiften Käse vom vergangenen Jahr besonders gefragt. Bergkäse paßt hervorragend zu Birnen und Weintrauben (ohne Brot) und zu einem deftigen Rotwein.

Für den Spätzleteig: 200 g Mehl, 1 Ei, 1 Prise Salz, etwas Wasser; 200 g Bergkäse (ersatzweise 150 g Emmentaler, 50 g Sbrinz), 3–4 Zwiebeln, 50 g Butter

Für die Spätzle Mehl in eine Schüssel geben, in der Mitte eine Vertiefung eindrücken, die übrigen Zutaten hineingeben. Alles gründlich vermischen und mit dem Rührlöffel schlagen, bis sich der Teig vom Schüsselboden löst. Den Teig portionsweise auf ein in Wasser getauchtes Spätzlebrett streichen, mit einem großen Messer dünne Spätzle in leicht kochendes Salzwasser schaben. Die Spätzle sind fertig, wenn sie an die Oberfläche steigen. Abgetropfte Spätzle lagenweise abwechselnd mit dem geriebenen Käse in eine vorgewärmte Schüssel füllen, mit einer Käselage abschließen. Zwiebeln schälen, in Ringe schneiden und in heißer Butter goldbraun rösten, über die Kässpätzle geben und das Gericht sofort mit grünem oder Kartoffelsalat servieren. Ein kühles Bier schmeckt am besten dazu.

Bleu de Bresse

Soufflé au Bleu de Bresse

Mit einem „Bleu" ist in Frankreich stets ein Edelpilzkäse mit Innenschimmel gemeint. Es gibt mindestens zwei Dutzend Sorten, darunter den Bresse bleu und den leicht mit ihm zu verwechselnden Bleu de Bresse, der erst seit einigen Jahrzehnten hergestellt wird und weltweit bekannt wurde. Beide Innenschimmelkäse stammen aus der kulinarisch sehr ergiebigen seenreichen Bresse-Landschaft nordöstlich von Lyon, wo auch die berühmten Bresse-Poularden aufwachsen. Unser Rezept läßt sich auch mit einem anderen Bleu-Käse verwirklichen. Steht *„de chèvre"* auf dem Etikett, besteht er aus Ziegenmilch, ist er *„de brebis"* gekennzeichnet, dagegen aus Schafmilch.

60 g Butter, 30 g Mehl, 1/4 l Milch, Salz, weißer Pfeffer, geriebene Muskatnuß, 100 g Bleu de Bresse (ersatzweise Reibkäse oder Weichkäsereste ohne Rinde), 3 Eier

40 g Butter in einer Kasserolle erhitzen, das Mehl hineingeben und kurz anschwitzen, dann die erwärmte Milch hinzufügen und unter ständigem Rühren bei schwacher Hitze zu einer dicklichen Soße verkochen. Mit Salz, weißem Pfeffer und Muskatnuß würzen. Die Kasserolle von der Brennstelle nehmen, den zerdrückten Käse hineingeben und glattrühren, dann nach und nach die Eigelb einarbeiten. Eiweiß mit einer Prise Salz steif schlagen und unter die Käsemasse heben. Eine ofenfeste Souffléform mit der restlichen Butter fetten und die Käsemasse einfüllen. Ringsum mit einem Messer die Käsemasse etwas zur Innenseite drücken. Das Soufflé im vorgeheizten Ofen 30–35 Minuten bei 200° C backen und sofort auftragen. Dazu paßt ein leichter Weißwein von der Loire oder Rhone.

Brie

Saarländer Brie-Äpfel

Auf dem Wiener Kongreß (1814–1815) wurde nicht nur Europa neu geordnet, sondern auch fleißig getanzt und getafelt. Da sich die Fachleute stritten, welcher Käse am besten schmecke, veranlaßte der große Diplomat und Feinschmecker Talleyrand eine Käseschau mit Abstimmung. Ergebnis: Der Brie wurde zum *Roi des Fromages*, zum König der Käse, gewählt, was einen Beobachter zu dem Ausruf hinriß: „Frankreich hat einen Krieg verloren, aber die Welt einen Käse gewonnen." Damals hatte der Brie schon eine mindestens sechshundertjährige Geschichte. Könige schätzten, Dichter besangen ihn – so Alexandre Dumas, dessen „Drei Musketiere" jede Mahlzeit mit Brie beendeten. Brie wird auch in Deutschland hergestellt und meist in „Tortenstücken" verkauft.

4 mittelgroße säuerliche Äpfel, Zitronensaft, 200 g Brie, 3 Eier, 3 Eßlöffel Sahne, 3 Eßlöffel Milch, Salz, weißer Pfeffer, geriebene Muskatnuß, 1 Eßlöffel Zucker, 2 Eßlöffel Weißwein, 1 Eßlöffel Butter

Von den Äpfeln am Stielende Kappen abschneiden, Kernhaus und etwas Fruchtfleisch herausschneiden. Äpfel innen mit Zitronensaft beträufeln. Fruchtfleisch fein würfeln, ebenfalls mit Zitronensaft beträufeln, damit es nicht bräunt. Apfelwürfel mit fein gewürfeltem Brie mischen und in die Äpfel füllen. Eier mit Sahne und Milch verquirlen, mit Salz, Pfeffer und Muskatnuß würzen. Die Mischung langsam auf die Fülle in den Äpfeln gießen. Die Kappen wieder aufsetzen, mit Zuckerwasser bestreichen, die Äpfel in eine mit Butter ausgestrichene feuerfeste Form setzen und im vorgeheizten Backofen 15 Minuten bei 180° C backen. Heiß als Nachspeise reichen.

Brinza

Brinza de Braila Frecata

Je nach der Herkunft kann Brinza ein würziger Schaf- oder auch Ziegenkäse sein, manchmal auch mit Kuhmilch-Beimischungen, gelegentlich aus allen drei Milchsorten hergestellt, meist gekräutert und gewürzt. In den Balkanländern, vor allem in Rumänien, heimisch, wird Brinza aber auch in der Türkei und in der Sowjetunion zubereitet, seit einigen Jahren auch in Israel. Nach der Herstellungsweise unterscheiden die Rumänen zwei Hauptsorten. Brinza de Burduf aus Schafmilch wird zum Reifen in eine Schaf- oder Ziegenhaut (Burduf) gefüllt. Brinza in Coaja de Brad verpacken die Rumänen in Behälter aus Tannenrinde. Es gibt aber auch Brinza mit Herkunftsbezeichnung. Unser Rezept schreibt Brinza aus Braila, einer rumänischen Donau-Großstadt, vor. „Frecata" bedeutet nichts anderes als „abgerührt". Sie können aber auch einen anderen weichen Ziegen- oder Schafkäse verwenden.

250 g Brinza (ersatzweise ein anderer Ziegen- oder auch Schafkäse), 250 g Butter, 3 Eßlöffel gehackter Schnittlauch, 2 Eßlöffel gehackte Petersilie, 2 Eßlöffel gehackter Fenchel, 1 Teelöffel Edelsüßpaprika, 1 Teelöffel gehackter Kümmel, Salz

Ziegenkäse abtropfen lassen, durch ein Sieb streichen, mit der angewärmten, weichen Butter zu glatter Creme rühren. Gehackte Kräuter hineinrühren, mit Paprika, Kümmel und Salz würzen. Die Käsecreme auf einem Holzbrett oder einer Platte anrichten und beliebig mit Perlzwiebeln, eingelegten Paprikaschoten, Radieschen und Oliven garnieren. Vollkornbrot oder Pumpernickel paßt ausgezeichnet dazu, als Getränk ein Glas Bier.

Butterkäse

Schweinesteaks mit Käsehaube

Er gehört zur Gruppe der halbfesten Schnittkäse, der allseits beliebte Butterkäse. Vor etwa 50 Jahren wurde er im Allgäu nach dem Vorbild des italienischen Bel Paese erstmals fabriziert. Seinen Namen hat er nicht von der butterähnlichen Farbe oder Konsistenz, sondern von dem nach Meinung der Käsemacher butterähnlichen Geschmack.
Er kommt in drei Fettstufen auf den Markt: Vollfett (45% Fett i. Tr.), Rahmstufe (50% Fett i. Tr.) und Doppelrahmstufe (60% Fett i. Tr.). Die fetteren Butterkäse sind weicher als die weniger fetten.
Butterkäse schmeckt mild bis feinsäuerlich und riecht nur schwach nach Käse – lauter Eigenschaften, die ihn in den letzten Jahren zum Käse-Bestseller machten.

1 kg Blattspinat, 20 g Butter, 1 kleine Zwiebel, Salz, weißer Pfeffer, 1 Prise Zucker, 1 Teelöffel Butter für die Form, 4 kleine Schweinesteaks (je 125 g), 1 Eßlöffel Öl, zerriebener Majoran, 4 Scheiben Lachsschinken (je 50 g), 4 Scheiben Butterkäse (je 50 g), Edelsüßpaprika

Spinat vorbereiten, waschen und im Tropfwasser in geschmolzener Butter 4–5 Minuten dünsten, dabei die feingehackte Zwiebel dazugeben. Den Spinat mit Salz, Pfeffer und Zucker würzen, in eine flache, gefettete ofenfeste Form füllen. Schweinesteaks beiderseits je 4–5 Minuten in heißem Öl braten, mit Majoran, Salz und Pfeffer würzen und auf den Spinat setzen, mit Schinken- und Käsescheiben zudecken. Im vorgeheizten Ofen (200° C) oder unter dem Grill überbacken, bis der Käse schmilzt. Mit Paprika bestreut zu Kümmelkartoffeln reichen.

Butterkäse

Käsetoast mit Pfifferlingen

Das kleine Toastgericht – hier ein Beispiel mit reichem Aufbau – wird immer beliebter, weil es schnell herzustellen ist und den Magen nicht belastet. Butterkäse eignet sich für derlei Überbackenes besonders gut, zumal er den Geschmack der übrigen Zutaten nicht überdeckt, sondern anhebt.

Auf einer großen Käseplatte kann sich der Butterkäse dagegen kaum durchsetzen, er wirkt gegenüber schärferen und würzigeren Käsearten milder, als er in Wirklichkeit ist. Dagegen ist er als Brotbelag, auch in Kombination mit Früchten, sehr beliebt. Falls Sie Wein zum Käse lieben: Butterkäse verträgt keine allzu ausdrucksstarken Weine, sie würden ihn erdrücken. Am besten paßt ein leichter Weißwein oder auch ein gut gekühlter Rosé dazu. Und noch eins: Butterkäse immer gesondert verpackt lagern, nie in der Nachbarschaft scharfer Käse.

250 g frische Pfifferlinge, 50 g Räucherspeck, 1/2 Teelöffel weißer Pfeffer, Salz, 4 Scheiben Toastbrot, 2 Tomaten, 2 Eier, 4 Scheiben Butterkäse (je 50 g), 1 Bund Petersilie

Pfifferlinge vorbereiten, größere Pilze halbieren. Speck fein würfeln, die Pfifferlinge im Speckfett 15 Minuten dünsten, mit Pfeffer und Salz würzen. Toastscheiben beiderseits leicht anrösten. Tomaten in Scheiben schneiden, Eier zu Rührei verarbeiten. Auf jede Brotscheibe einige Tomatenscheiben geben, das Rührei und dann die Pfifferlinge darauf verteilen. Mit Käsescheiben zudecken, gehackte Petersilie daraufgeben. Die Toasts im vorgeheizten Ofen oder unter dem Grill backen, bis der Käse schmilzt. Heiß zu einem Glas Frankenwein oder Bier servieren.

Caciocavallo

Sizilianischer Broccoli-Topf

Cacio heißt im Italienischen der Käse und *cavallo* das Pferd. Warum dieser meist kugel- oder birnenförmige Brühkäse diesen Namen trägt, ist unklar. Vielleicht, weil er früher aus Stutenmilch hergestellt wurde. Oder weil er paarweise zum Reifen über Stöcken hängen muß, wie der Reiter auf dem Pferd. Oder weil er früher mit dem Wappen von Neapel gekennzeichnet wurde, einem galoppierenden Pferd. Der Legende nach brachten asiatische Barbaren die Kunst der Caciocavallo-Herstellung mit nach Süditalien, wo der Käse einst ausschließlich hergestellt wurde. Heute wird er auch in Sizilien und Norditalien produziert – auch für den Export.

1 kg Broccoli, 20 schwarze Oliven, 6 Sardellenfilets, 75 g Caciocavallo piccante (ersatzweise ein anderer pikanter halbfetter Käse), 2 Zwiebeln, 8 Eßlöffel Olivenöl, Salz, 1 Glas Rotwein

Broccoli vorbereiten, in Röschen teilen, dabei Strunk und harte Blätter zurücklassen. Oliven entkernen und in Scheiben schneiden. Sardellenfilets fein hacken. Käse in dünne Scheiben schneiden. Zwiebeln schälen und in feine Würfel schneiden. Broccoli schichtweise in einen Topf geben, auf jeder Schicht etwas von den Oliven und Sardellenfilets verteilen. Käsescheiben auflegen, Zwiebelwürfel aufstreuen, das Gemüse mit Öl beträufeln und leicht salzen. Oberste Schicht mit Käsescheiben abschließen. Den Wein angießen und das Broccoli-Gemüse im fest verschlossenen Topf bei schwacher Hitze in etwa 90 Minuten garen. Dazu Salzkartoffeln und frischen Salat reichen. Ein sizilianischer trockener Weißwein paßt am besten dazu.

Caerphilly

Walisische Caerphilly-Fondue

In dem walisischen Dorf Caerphilly wurde dieser weiche, nach Buttermilch schmeckende Frischkäse zu Beginn des 19. Jahrhunderts erstmals zubereitet. Damals konnten die britischen Cheddar-Käseproduzenten nicht genügend Cheddar herstellen – die Nachfrage überstieg das Angebot. Da verfielen sie auf den Gedanken, den bisher nur für den Hausgebrauch bereiteten Caerphilly als Ausgleich und Ersatz anzubieten. Der Caerphilly verschaffte ihnen die Möglichkeit, ihren Cheddar in Ruhe reifen zu lassen. So rettete der Caerphilly den Cheddar.

50 g Butter, 20 g Mehl, 1/2 Teelöffel Salz, frisch gemahlener weißer Pfeffer, 1/2 Teelöffel Edelsüßpaprika, 3/8 l Milch, 300 g Caerphilly; Toastbrotscheiben

Butter im Wasserbad schmelzen lassen. Mehl dazugeben, mit Salz, Pfeffer und Paprika würzen. Unter Umrühren erhitzen, bis sich Mehl und Butter glatt verbunden haben. Nach und nach die Milch dazugeben und weiter umrühren, bis die Soße glatt ist, dann den geraffelten Käse hinzufügen und alles unter Umrühren zu einer gleichmäßigen Creme verarbeiten. Weißbrotscheiben toasten, in fingerbreite Streifen schneiden und auf Teller verteilen, mit der Caerphilly-Creme übergießen. Oder die Creme in einem Fonduegefäß auf dem Rechaud auftragen, damit sich jeder wie bei der Neuenburger Fondue (Seite 140) seine Portion Käsecreme mit Weißbrotschnitten heraustunken kann. Dazu kann man frischen Salat und/oder Essiggemüse (Mixed Pickles, kleine Gurken, Perlzwiebeln usw.) anbieten. Als Getränk kommt ein herzhafter Weißwein in Frage – oder auch Tee.

Camembert

Gebackener Camembert

Als Erfinderin dieses berühmten Weichkäses mit dem charakteristischen Außenschimmel gilt die Bäuerin Marie Harel aus Roiville in der Normandie. Mindestens drei Denkmäler feiern die Käse-Heldin: eines vor ihrem Geburtshaus, ein zweites in dem benachbarten Städtchen Vimoutiers, ein drittes in den USA vor dem Gebäude einer großen Camembert-Fabrik.
Den Namen bekam der Camembert, so eine französische Legende, erst von Napoleon I., und zwar nach der kleinen Ortschaft Camembert nahe Vimoutiers. Ursprünglich war der Camembert ein Blauschimmelkäse. Die heutige Version gibt es erst seit 1910. Schon 1890 wurde die Spanholzschachtel als Verpackung eingeführt.

4 halbe Camembert (zusammen 250 g), 2 Eier, 2 Eßlöffel Semmelmehl, 1 Teelöffel grob gemahlener schwarzer Pfeffer, Ausbackfett oder -öl; 4 Scheiben Toastbrot, Erdbeerkonfitüre

Camembert ganz lassen oder halbieren, im Kühlschrank gut durchkühlen lassen. Eier verquirlen, Semmelmehl mit Pfeffer mischen. Die Camembertstücke nacheinander durch verquirltes Ei und Semmelmehl ziehen, nochmals 15 Minuten kühlen, dann in heißem Ausbackfett oder -öl (175° C) goldbraun backen und auf Küchenkrepp abtropfen lassen. Brotscheiben toasten und mit den Camembertstücken belegen. Heiß zu Erdbeerkonfitüre als Nachspeise reichen.
Abwandlungen: Camembertstücke mit Preiselbeerkonfitüre oder geeister Preiselbeersahne servieren. Oder frischen Kopfsalat dazu anbieten. Oder den gebackenen Camembert mit fritierten Petersiliensträußchen garnieren.

Camembert

Obatzter

Der Camembert ist zwar französischen Ursprungs, hat sich aber längst zu einer weltweit verbreiteten Käsespezialität entwickelt. In Deutschland wird er seit der zweiten Hälfte des 19. Jahrhunderts in großen Mengen hergestellt, und zwar nach dem französischen Verfahren und mit dem Original-Schimmelpilz (*Penicillium camemberti*). Es gibt nur einen wesentlichen Unterschied: In Frankreich wird oft auch noch rohe Kuhmilch zu Camembert verarbeitet, in Deutschland praktisch nur pasteurisierte Milch. Camembert gibt es in allen Fettstufen von Dreiviertelfett (30 % Fett i. Tr.) bis Doppelrahm (60–85 % Fett i. Tr.). Dementsprechend ist auch der Geschmack des reifen Käses durchaus unterschiedlich: je fetter, desto delikater. Einen noch nicht durchgereiften Camembert lagern Sie am besten im kühlen Keller oder der Speisekammer, nicht im Kühlschrank. Für den bayerischen „Obatzten" (angemachten Käse) ist er gut reif am besten.

250 g Camembert, 30 g Butter, 1 kleine Zwiebel, 2 Teelöffel gemahlener Kümmel, 1/2 Teelöffel frisch gemahlener schwarzer Pfeffer, 1 Prise Salz, 2 Teelöffel Edelsüßpaprika

Käse zerschneiden, Butter dazugeben, beides mit einer Gabel oder dem Rührstab zu einer geschmeidigen Masse verarbeiten. Feingehackte oder geriebene Zwiebel dazugeben, mit Kümmel, Pfeffer, Salz und Paprika mischen und abschmecken. Dazu Landbrot, frische Semmeln und/oder Brezeln und Bier reichen. Abwandlung: Camembert durch Limburger oder einen deftigen Weinkäse ersetzen, auch in Mischung mit mildem Doppelrahm-Frischkäse.

Cheddar

Father's Welsh Rarebits

In Großbritannien ist Cheddar der bei weitem beliebteste Käse. Er macht rund sechzig Prozent der britischen Käseerzeugung aus. Nur ein kleiner Teil davon wird exportiert: Überall in der Welt, wo sich englische Käsefreunde niederließen, entstanden alsbald eigene Cheddar-Creameries, so in Australien, Neuseeland, Südafrika, den USA und Kanada.

Der einstige Bauernkäse wird heute vollautomatisch hergestellt, weil nur so die Nachfrage gedeckt werden kann. Dabei spielt eine Rolle, daß Cheddar sich besonders gut zur Herstellung von Schmelzkäse eignet, dem er Stabilität und guten Geschmack verleiht – auch in Mischung mit anderen Käsesorten.

Bei den vorgeschlagenen Welsh Rarebits aus Cheddar handelt es sich vermutlich um die älteste warme Käsespeise der Welt. Seit jeher streiten sich die Fachleute, ob es nun Welsh Rarebits (welsche Leckerbissen) oder Welsh Rabbits (welsche Kaninchen) heißen muß.

250 g reifer Cheddar (ersatzweise Chester oder Edamer), 1/4 l Bier oder Ale, 1 Ei, 1/4 Teelöffel Senfpulver, 1 Prise Cayennepfeffer, Salz, 8 Scheiben Toastbrot, Butter

Käse reiben oder raffeln, im Wasserbad schmelzen lassen, dabei nach und nach das Bier hineingeben und verrühren. Verquirltes Ei, Senfpulver, Cayennepfeffer und Salz hinzufügen und weiterrühren, bis eine dicke Creme entsteht. Weißbrotscheiben toasten und dünn mit Butter bestreichen, dick mit Käsemasse überziehen. Die Rarebits im vorgeheizten Backofen (180° C) oder unter dem Grill 10 Minuten goldbraun überbacken. Heiß zu einem Glas Bier als Imbiß reichen.

Kanadische Cheddar-Shorties

Shorties sind Plätzchen, in diesem Fall aus Cheddarteig, wobei Sie nicht unbedingt auf kanadischen Cheddar zurückgreifen müssen – englischer tut es auch.

Die Engländer bevorzugen Cheddar in möglichst reifem Zustand mit frischem dunklem oder weißem Brot, Butter und Mixed Pickles oder Gewürzgurken. Dazu gibt es englisches Bier oder Rotwein aus Burgund. Weil Cheddar leicht schmilzt, kann man ihn in der Küche zu allen möglichen Käsegerichten – von Toasts bis zu Backwerk – verwenden. Aber wenn Sie einen Engländer fragen, wird er Ihnen sagen, daß Cheddar eigentlich zu allem paßt. Vorausgesetzt, es handelt sich um Cheddar aus der Milch von Shorthorn- oder Ayrshire-Kühen, hergestellt im klassischen Farmhouse-Verfahren. Das aber kann sich auch in England heute niemand mehr leisten.

80 g Butter, 225 g Cheddar, 150 g Mehl, 1/2 Teelöffel Edelsüßpaprika, 1/4 Teelöffel Senfpulver, 1 Prise Cayennepfeffer, etwas Milch zum Bestreichen, Mohn zum Bestreuen, etwas Fett für das Backblech

Butter sahnig rühren, nach und nach den geriebenen Käse dazugeben und unterrühren, dann das mit den Gewürzen gemischte Mehl mit der Buttermasse zu Teig verkneten. 3-cm-Rollen aus dem Teig formen, in Alufolie wickeln und 1 Stunde in den Kühlschrank legen. Die Teigrollen in etwa 5 mm dicke Scheiben schneiden, diese auf das gefettete Backblech legen, mit Milch bestreichen und mit Mohn bestreuen. Die Shorties im vorgeheizten Ofen 8–10 Minuten bei 180–190° C goldgelb backen. Als Knabbergebäck zu Wein oder Bier oder als Beigabe zu einer Käseplatte reichen.

Chester (Cheshire)

Fleisch-Käse-Strudel

Er gilt als ältester Käse Großbritanniens, der Cheshire. Weil er in Chester, der Hauptstadt der Grafschaft Cheshire, zu Hause ist, wird er außerhalb der Britischen Inseln, so auch bei uns, im allgemeinen Chester genannt. Mit dem Cheddar (der, um die Verwirrung komplett zu machen, bei uns ebenfalls oft als Chester verkauft wird) steht er in scharfer Konkurrenz um die Gunst der britischen Käseesser. Der meiste Chester kommt heute aus Whitchurch südlich der Stadt Chester.

1 Packung tiefgefrorener Blätterteig (300 g), 1 Zwiebel, 200 g grüne Paprikaschoten, 3 Eßlöffel Öl, 400 g Rinderhackfleisch, 2 Eßlöffel Tomatenketchup, 1 gestrichener Teelöffel Salz, 1/2 Teelöffel schwarzer Pfeffer, 125 g Chester (oder Chester-Schmelzkäse), 1 Eigelb

Blätterteig nach Vorschrift auftauen lassen, zu einem Rechteck von etwa 40–45 cm ausrollen. Zwiebel fein hacken. Paprikaschoten von Kernen und Scheidewänden befreien, fein hacken und 10 Minuten in heißem Öl dünsten. Hackfleisch mit Ketchup, Salz und Pfeffer abschmekken. Zwiebel und abgekühlte Paprikastückchen dazugeben, die Masse vorsichtig durcharbeiten und den Teig damit bestreichen. Käse fein würfeln und aufstreuen, die Teigränder dabei freilassen. Von der Schmalseite her aufrollen, Enden gut andrücken. Die Rolle mit verquirltem Eigelb bestreichen, im vorgeheizten Ofen 10 Minuten bei 220° C backen, dann auf 175° C zurückschalten und weitere 25 Minuten bakken. Den Strudel 5 Minuten stehen lassen, dann in Scheiben schneiden und heiß zu grünem Salat oder Endiviensalat servieren. Dazu paßt ein leichter Rotwein oder ein Glas Bier.

Chester (Cheshire)

Chesterkäse-Omelett

Chester kann nur in einem eng umgrenzten Bezirk Großbritanniens hergestellt werden: in einem Gebiet mit salzhaltigen Viehweiden. Fachleute sind der Überzeugung, daß die Kühe einen Teil des Salzes aufnehmen, der in die Milch übergeht und für den besonderen Geschmack des Chesterkäses sorgt. Darüber hinaus wird der Chester aber auch noch bei der Verarbeitung stärker gesalzen als andere Käsesorten. An Chester aus Cheshire delektierten sich schon die Soldaten der XX. römischen Legion, deren Garnison sich in Chester befand. Den Chester erwähnen aber auch alte englische Chroniken, so das Domesday Book, das Wilhelm der Eroberer ab 1085 anlegen ließ. Neben dem schnellreifenden cremefarbigen Chester gibt es auch blauen.

8 Eier, 2 Eßlöffel Sahne, 1 Teelöffel Salz, 1/2 Teelöffel weißer Pfeffer, 1 Prise geriebene Muskatnuß, 200 g geriebener Chester (ersatzweise mittelalter Gouda), 20 g Butter

Eier und Sahne mit Salz, Pfeffer und Muskat schlagen (am besten mit der Gabel), 2/3 Käse dazugeben. Butter in einer großen Pfanne erhitzen, die Eiermasse hineingießen und bei schwacher Hitze in etwa 10 Minuten stocken lassen, dabei die Pfanne so rütteln, daß sich die Eiermasse gleichmäßig verteilt. Den restlichen Käse aufstreuen und das Omelett 2–3 Minuten unter dem vorgeheizten Grill überbacken, dann zusammenklappen und heiß servieren. Dazu eingelegte Perlzwiebeln und gefüllte Oliven als pikante Beigaben reichen, außerdem Kopfsalat und Bratkartoffeln oder Erbsen mit Karotten oder auch Risibisi (Reis mit jungen Erbsen). Als Getränk ist ein leichter Weißwein zu empfehlen.

Comté

Gougère

Er ist mit dem Gruyère verwandt und wird manchmal auch Gruyère de Comté genannt, weil er aus der alten Freigrafschaft Franche-Comté stammt, einer Landschaft im Osten Frankreichs. Aus dieser Gegend kommt auch das Rezept für die Gougère, eine Art Käsewindbeutel in Kranzform – sie bezieht ihren würzigen Geschmack vom Comté-Käse.

1/4 l Wasser, 75 g Butter, 1/2 Teelöffel Salz, 150 g Mehl, 25 g Speisestärke, 4 Eier, 1 gestrichener Teelöffel Backpulver, 150 g geriebener Comté (ersatzweise Emmentaler oder Gruyère); etwas Butter für das Blech, 1 Ei, 50 g Comté am Stück

Wasser, Butter und Salz in einem Topf mit großer Bodenfläche zum Kochen bringen, von der Brennstelle nehmen, das mit Speisestärke gemischte Mehl auf einmal hineingeben, gut durcharbeiten und bei schwacher Hitze zu einem glatten Kloß verrühren. Weiterrühren, bis sich der Kloß vom Topf löst und sich am Topfboden ein weißer Belag gebildet hat. Den Kloß in eine Schüssel geben, etwas abkühlen lassen, dann nach und nach die Eier unterrühren, bis der Teig goldgelb glänzt und in langen Spitzen vom Rührlöffel reißt. Backpulver und Reibkäse unterziehen. Den Teig mit zwei Eßlöffeln abstechen und kranzförmig auf das gebutterte Backblech setzen (oder in eine Kranzform geben und auf das Blech stürzen), mit verquirltem Ei bestreichen. Restlichen Comté würfeln und auf den Kranz setzen. Den Kranz 20 Minuten im vorgeheizten Ofen bei 200° C, dann weitere 20–25 Minuten bei 175° C backen. Heiß mit grünem Salat zu Tisch geben. Ein französischer Rotwein schmeckt am besten dazu.

Comté

Artischocken mit Comté-Füllung

Comté muß mindestens sechs Monate lagern, bevor er angeschnitten werden darf. Nicht jeder Hersteller ist dazu in der Lage, große Käsemengen für so lange Zeit unterzubringen. Deshalb entwickelte sich in Frankreich der Beruf des Käselagerers, des Affineurs. Affineure übernehmen von den Herstellern unreifen Comté und lassen ihn in ihren geräumigen Kellern ausreifen.

4 große Artischocken, Salz, Zitronensaft, Pfeffer, 250 g Comté, 1 Bund Petersilie, 1 Zehe Knoblauch, 5 Eßlöffel Olivenöl, etwa 1/8 l heißes Wasser

Stiele der Artischocken wegschneiden, die obersten Blattspitzen kappen, die 3–4 untersten Blätter entfernen. Alle Schnittstellen mit Zitronensaft einreiben. Die Artischocken in leicht gesalzenes und gesäuertes siedendes Wasser geben und 10 Minuten vorkochen. Abtropfen und abkühlen lassen, dann das „Heu“ entfernen und die Blätter wie einen Blütenkelch auseinanderspreizen. Die Artischocken innen salzen und pfeffern. Den in feine Streifen geschnittenen Käse hineingeben, dabei auch einige Streifchen zwischen die Blätter stecken. Feingehackte Petersilie und Knoblauch aufstreuen. 3 Eßlöffel Olivenöl in einem großen Topf erhitzen, die Artischocken eng nebeneinander hineinsetzen und kurz andünsten. Restliches Öl in die Artischocken träufeln. Mit heißem Wasser ablöschen, die Artischocken zugedeckt bei schwacher Hitze etwa 50 Minuten schmoren. Bei Bedarf heißes Wasser nachgießen. Artischocken auf eine vorgewärmte Platte geben und mit Kochsud begießen. Dazu paßt Kalb- oder Geflügelfleisch, als Getränk ein französischer Weißwein.

Danablu

Danablu-Snacks

Dänischer Käse ist weltberühmt. Das verdankt er nicht zuletzt dem Danablu, einer dänischen Roquefort-Variante, die Marius Boel nach dem Ersten Weltkrieg entwickelte. Der dänische Käsemeister fand bei Versuchen heraus, daß ein mit Brotschimmelpilz geimpfter Käse ganz spezielle Eigenschaften entwickelte: milchweißen Teig mit feinen blaugrünen Adern, pikantem und kräftig salzigem Geschmack, im allgemeinen gute Schnittfestigkeit. Danablu kann man seines hohen Fettgehaltes wegen (50–60 % Fett i. Tr.) aber auch gut aufs Brot streichen. Kenner essen den Danablu mit dunklem Brot und trinken einen kräftigen Weißwein dazu. Man kann ihn aber auch mit Butter oder Sahne zu einem etwas milderen Brotaufstrich verarbeiten. Das Überbacken verträgt er gut – siehe unser Rezept. In Dänemark gibt es überdies zahlreiche Smørrebrød-Varianten mit Danablu. Die Dänen sind begeisterte Käseesser. Sie verzehren im Durchschnitt jährlich zehn Kilogramm Käse pro Kopf.

4 Scheiben Toastbrot, 20 g Butter, 1 Prise Cayennepfeffer, 200 g Danablu, 16 Walnußhälften; Salatblätter, 4 Tomaten

Brotscheiben toasten, buttern und dünn mit Cayennepfeffer bestäuben, in Dreiecke schneiden und mit gleich großen Käsestücken belegen. Auf jedes Dreieck eine Walnußhälfte drükken. Die Danablu-Snacks im vorgeheizten Ofen bei 200° C backen, bis der Käse cremig zu zerlaufen beginnt (8–10 Minuten). Gewaschene und abgetropfte Salatblätter auf einen Teller geben, die Snacks darauflegen und mit Tomatenscheiben garnieren. Zu einem Glas Wein oder Bier als Imbiß reichen.

Danbo

Dänischer Käseauflauf

Dänischer Käse spielte noch vor einigen Jahrzehnten über Dänemark hinaus keine große Rolle, obwohl die teils eigenständigen, teils nachempfundenen dänischen Käse durchaus ihre Liebhaber hatten. Das änderte sich erst nach der Käsekonvention von Stresa, die 1951 viele dänische Käsesorten werbewirksam umtaufte. Bei dieser Gelegenheit wurde aus dem Opstukken-Gouda der Fynbo, aus dem Brødost der Elbo, aus dem Tafelost der Tybo und aus dem Steppeost der Danbo. Unter allen diesen Schnittkäsesorten hat sich der Danbo so gut in Deutschland eingeführt, daß er heute hauptsächlich für den Export in die Bundesrepublik hergestellt wird. Der vielseitige Käse eignet sich für Salate ebenso gut wie für Partyhappen oder für einen herzhaften Käseauflauf.

4 Eier, 1/4 l Milch, 1 Teelöffel Salz, 1 Prise Senfpulver, 8 Scheiben Kastenweißbrot, 225 g Danbo (mit Kümmel), 1/4 l Bier (am besten dänisches Tuborg), 20 g Butter

Eigelb mit Milch schlagen, mit Salz und Senf würzen. Weißbrot in Würfel schneiden, 3/4 davon in die Eiermilch rühren und den in Würfel geschnittenen Käse dazugeben. Etwas ziehen lassen, bis sich das Weißbrot mit Eiermilch vollgesogen hat, dann das Bier dazugießen. Eiweiß steifschlagen und unter die Käsemasse ziehen. Die Mischung in eine ofenfeste Form füllen, mit den restlichen Brotwürfeln bestreuen und mit Butterflöckchen besetzen. Im vorgeheizten Ofen bei 180° C backen. Der Auflauf ist fertig, wenn ein hineingestecktes Messer sich sauber herausziehen läßt (etwa nach 25 Minuten). Dazu paßt frischer Kopfsalat mit Zitronendressing, als Getränk dänisches Bier.

BY APPOINTMENT TO
Beer

Edamer

Käsewaffeln

„Edamer Kaas" war ursprünglich ein holländischer Bauernkäse, benannt nach der Stadt Edam in Nordholland – nicht, weil er hier in großem Umfang produziert worden wäre, sondern weil der Käse von Edam aus in alle Welt verschifft wurde. Heute wird der Käse in großen Käsereien hergestellt, und als Mittelpunkt des Edamer-Gebietes gilt die Stadt Alkmaar, auf deren Marktplatz allwöchentlich am Freitag während der Sommermonate der berühmte Käsemarkt stattfindet. Edamer gibt es immer seltener in der traditionellen Kugelform. Die Brotform, bis zu zwanzig Kilogramm schwer, ist praktischer. Früher hatte Edamer einen roten oder auch gelben Wachsüberzug. Er wich mittlerweile einer weichen Kunststoffhülle. Die alte Edamer-Kugel bedachten die Niederländer mit Spitznamen und nannten sie Manbollen, Katzen- oder Maurenkopf.

3 Eigelb, 125 g Butter, 5 Eßlöffel Sahne, 1/8 l Milch, Salz, schwarzer Pfeffer, 1 Prise Zucker, 75 g Edamer, 1 Zwiebel, 200 g Mehl; 1 Eßlöffel Öl; 75 g Edamer zum Bestreuen

Eigelb und Butter schaumig rühren, Sahne und Milch dazugeben und verrühren, mit Salz, Pfeffer und Zucker würzen. Käse reiben und mit der Eiermilch verrühren, die fein geriebene Zwiebel dazugeben, dann erst das Mehl hinzufügen und alles zu glattem Teig verarbeiten. 30 Minuten ruhen lassen. Portionsweise Teig in das vorgeheizte und mit Öl bestrichene Waffeleisen geben und die Waffeln in jeweils 4–5 Minuten fertig backen, auf eine vorgewärmte Platte stapeln. Die Waffeln heiß mit geriebenem oder geraffeltem Edamer zur Selbstbedienung servieren. Dazu paßt eine Schüssel gemischter Salat am besten.

Edamer

Obst-Käse-Salat

Edamer ist längst keine niederländische Spezialität mehr, er wird in vielen Ländern hergestellt, oft mit genauerer Herkunftsbezeichnung wie Deutscher Edamer. Junger Edamer (er muß mindestens fünf Wochen alt sein) schmeckt mild und rein. Je älter er wird, desto pikanter wird sein Geschmack. Der nur schwach mit Löchern versehene Schnittkäse eignet sich sehr gut als Brotbelag, ist eine ideale Salatzutat und paßt sich auch vielen warmen Speisen an. Vier Mindestfettstufen von Dreiviertelfett (30 % Fett i. Tr.) bis Rahmstufe (50 % Fett i. Tr.) kommen bei uns auf den Markt. Zum Edamer kann man Bier trinken, wie es die Holländer meistens tun. Aber auch leichte, fruchtige Weiß- und Rotweine passen zum milden Edamer-Charakter.

150 g Edamer, 50 g Emmentaler, 75 g blaue Trauben, 1 säuerlicher Apfel, 1 kleine Dose Mandarin-Orangen, 50 g Maraschinokirschen; für die Salatsoße: 1 Eßlöffel Rosinen, 1 Eßlöffel Sherry, 1/2 Banane, 2 Eßlöffel Zitronensaft, Salz, grüner Pfeffer, 1 Becher Joghurt, 1/8 l Sahne

Käse in feine Stifte schneiden, Trauben halbieren und entkernen, Apfel halbieren, vom Kernhaus befreien und in feine Würfel schneiden, Mandarinen abtropfen lassen, Maraschinokirschen halbieren oder vierteln. Für die Salatsoße Rosinen mit Sherry beträufeln und ziehen lassen. Banane mit der Gabel zerdrücken, den Zitronensaft dazugeben und gut verrühren, mit Salz und Pfeffer würzen und die Rosinen hineinmischen. Joghurt dazugeben und die Soße glattrühren, dann die steif geschlagene Sahne unterziehen. Soße über die Salatzutaten gießen, den Salat sofort servieren.

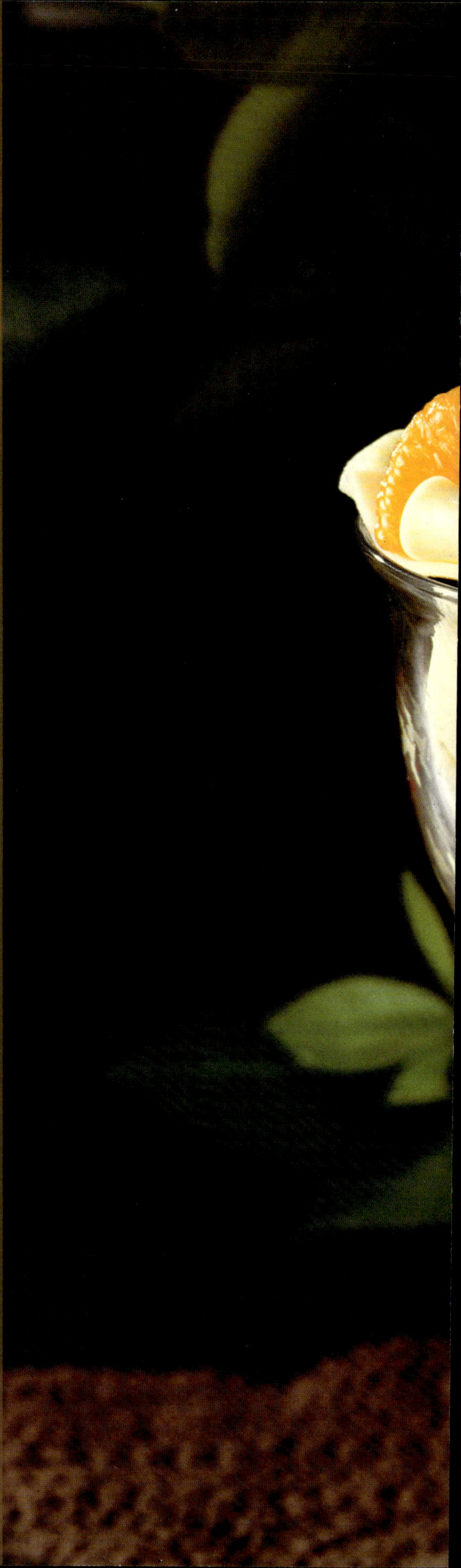

Emmentaler

Käseragout im Reisrand

Der Emmentaler, einer der berühmtesten und am weitesten verbreiteten Käse der Welt, ging aus einem Bergkäse der Schweizer Alpen hervor, stieg aber dann – niemand weiß zu sagen, wann das war – in die Täler hinab, vor allem in das Tal der Emme im Schweizer Kanton Bern. Seine Blütezeit begann mit der Entstehung der großen Talkäsereien vor etwa 170 Jahren. Er ist anspruchslos und anspruchsvoll zugleich, was dieses Ragout sinnfällig vor Augen führt.

200 g Emmentaler, 1/4 l helle Soße (aus Fertigprodukt), 100 g Spargel (Dose), 100 g Champignons (Dose), 2 Eßlöffel Mandarin-Orangen (Dose), 100 g gekochter Schinken in Streifen, Worcestersauce, Tabascosauce, weißer Pfeffer, 200 g Langkornreis, 100 g gedünstete Erbsen, 100 g gewürfelte und gedünstete Karotten, etwas Butter für die Form, 1/2 Bund Petersilie

Käse in etwa 2 cm große Würfel schneiden. Soße nach Vorschrift zubereiten, geschnittenen Spargel, halbierte Champignons, Mandarin-Orangen und geschnittenen Schinken hineingeben, mit Worcester- und Tabascosauce und Pfeffer pikant abschmecken. Reis in leicht gesalzenem Wasser körnig-bißfest kochen, Erbsen und Karotten hineinmischen, den Reis in eine gebutterte Reisrandform füllen, gleichmäßig andrücken und auf eine ofenfeste Platte stürzen. Käsewürfel in die Mitte geben und mit der Soße überfüllen. Das Ragout im vorgeheizten Ofen (220° C) oder unter dem Grill in etwa 12–15 Minuten goldgelb überbacken, mit gehackter Petersilie bestreut anrichten. Dazu paßt Chicoréesalat, als Getränk ein süffiger Weißwein aus der Pfalz.

Emmentaler

Käsesülze mit Kasseler

Emmentaler kommt heute nicht nur aus der Schweiz, sondern aus vielen Ländern, darunter Frankreich, Österreich, Finnland, Argentinien, Australien und den USA. In vielen Gegenden heißt er schlicht Schweizer Käse, auch wenn er seinen Ursprung nicht schweizerischen Kühen verdankt. Deutscher Emmentaler wird (seit 1827) im bayerischen und württembergischen Allgäu produziert und heißt deshalb Allgäuer Emmentaler. Es gibt ihn nur als Vollfettkäse (mindestens 45 % Fett i. Tr.), der mindestens drei Monate alt sein muß, wenn er in den Handel kommt.

1/2 l gewürzte und entfettete Fleischbrühe, 8 Blatt weiße Gelatine, 1 Glas Mixed Pickles, 200 g Emmentaler in 5-mm-Scheiben, 3 hartgekochte Eier, 4 Scheiben Kasseler (5 mm dick), 2 Tomaten, 1 eingelegte rote Paprikaschote, 1/2 Bund Petersilie

Fleischbrühe erhitzen, eingeweichte und ausgedrückte Gelatine darin auflösen, in eine Kastenform einen Spiegel gießen. Mixed Pickles kleiner schneiden, Käsescheiben rund, quadratisch, sternförmig usw. zuschneiden oder ausstechen. Übrige Zutaten in Streifen, Scheiben oder Würfel schneiden, Petersilie in kleine Sträußchen teilen. Mit Käse und Gemüse Boden und Seiten der Kastenform auslegen. Geliersud anfüllen, restliche Zutaten hineingeben und übrigen Geliersud aufgießen, so daß alle Zutaten bedeckt sind. Die Sülze kaltstellen, nach dem völligen Erstarren auf eine Platte stürzen, mit Petersiliensträußchen garnieren. Zum Kalten Büfett reichen oder mit Bauernbrot und Butter als Abendessen servieren. Ein Glas Bier schmeckt am besten dazu.

Emmentaler

Goldbarsch auf badische Art

Es ist noch nicht lange her, da waren viele hundert kleine Käsereien damit beschäftigt, Emmentaler zu produzieren – nach dem traditionellen Verfahren aus Rohmilch, die nicht über Gerinnungstemperatur erhitzt werden darf. Diese Zahl ist in Deutschland mittlerweile drastisch zurückgegangen. Heute produzieren nur noch rund 40 Großkäsereien Allgäuer Emmentaler, und zugleich wurde die Jahresproduktion verdreifacht. Und noch eine Zahl: Zwei von fünf Emmentaler-„Rädern" werden exportiert. Schweizer Emmentaler entsteht nach wie vor größtenteils in Dorfkäsereien, also in Kleinbetrieben mit einer Produktion von wöchentlich 20 bis 24 Käse-„Rädern". Scharfe Kontrollen sorgen für hohe Qualität – nicht jeder Emmentaler bekommt den Herkunftsaufdruck „Switzerland".

4 Goldbarschfilets, Zitronensaft, Salz, etwas Butter für die Form, 3 Tomaten, 2 Teelöffel Kapern, je 1 Eßlöffel gewürfelte Äpfel, Gurken und Zwiebeln, 1 Eßlöffel gewürfelter gekochter Schinken, Butterflöckchen, 4 Scheiben Emmentaler, 1 Glas Weißwein, 1/2 Bund Petersilie

Filets säubern, mit Zitronensaft beträufeln und salzen. Eine ofenfeste Form mit Butter ausstreichen. Tomaten überbrühen, enthäuten und in Scheiben schneiden, die Form damit auslegen und darauf die Filets verteilen, mit Kapern und den gewürfelten Zutaten bestreuen. Butterflokken aufsetzen, 10 Minuten im vorgeheizten Ofen (180° C) braten, dann den Fisch mit Käsescheiben bedecken, den Weißwein angießen und weitere 8–10 Minuten braten. Den Goldbarsch mit gehackter Petersilie bestreut zu Salzkartoffeln und Salat reichen. Dazu paßt ein kräftiger badischer Weißwein.

Emmentaler

Savoyer Kartoffelgratin

Emmentaler ist einer der vielseitigsten Hartkäse. Er paßt zu jeder Brotart, schmeckt aber auch ohne jede Beigabe (oder nur mit etwas Salz und Pfeffer bestreut) aus der Hand. Für Partyhappen läßt er sich ausgezeichnet mit Obst (Weintrauben, Feigen, Mandarinenspalten) oder Gemüse (Radieschen, Tomaten, kleinen Gurken, Champignons) kombinieren. Käsesalate, Pizza, Fondue kommen ohne Emmentaler nicht aus. Klassische Verwendungen sind aber auch überbackene Gerichte, für die man den Käse nicht reiben, sondern raspeln sollte, und Gratins von der vorgeschlagenen Art. Der dazugehörige weiße oder rote Wein sollte bei jungem Emmentaler zart und fruchtig sein. Ältere Stücke vertragen kräftigere Weine.

1 kg Kartoffeln, 400 g Emmentaler,
1 Knoblauchzehe, 2–3 Eßlöffel Butter, Salz,
Pfeffer, 1 Eigelb

Kartoffeln in der Schale kochen, etwas abkühlen lassen, abpellen und in dünne Scheiben schneiden. Emmentaler ebenfalls in dünne Scheiben schneiden. Eine ofenfeste Form mit der Knoblauchzehe ausreiben und mit etwa 1/3 der Butter ausstreichen. Abwechselnd schichtweise Kartoffel- und Käsescheiben hineinschichten, jede Schicht salzen und pfeffern und ein paar Butterflöckchen aufsetzen. Mit einer Käseschicht abschließen. Ei verquirlen und den Käse damit bestreichen, restliche Butter in Flöckchen daraufgeben. Das Gratin 20 Minuten im vorgeheizten Ofen bei 200° C backen, mit frischem Salat servieren.

Abwandlungen: Zusätzlich Tomatenscheiben, Paprikastreifchen oder angeröstete Zwiebelringe in die Form geben. Oder den Käse raspeln und zwischen die Kartoffeln streuen.

Emmentaler

Kalbsschnitzel „Cordon bleu"

Es fehlt auf keiner Speisekarte, das berühmte Kalbsschnitzel „Cordon bleu", manchmal der Einfachheit halber auch nur Cordon bleu genannt. Die französische Bezeichnung meint ein blaues Ordensband, wie es zu dem von dem französischen König Heinrich III. gestifteten Orden vom Heiligen Geist gehörte. Nur sehr verdienstvolle Persönlichkeiten wurden mit dem Cordon bleu ausgezeichnet. Wie es dazu kam, daß ein Kalbsschnitzel die hohe Ehre erwarb, sich Cordon bleu nennen zu dürfen, ist nicht überliefert – und nach den Stiftungsbestimmungen des Ordens vom Heiligen Geist ist auch nicht anzunehmen, daß etwa der Schöpfer dieses Leckerbissens den Cordon bleu erhielt. Es handelt sich also wohl nur um eine symbolische Schnitzel-Rangerhöhung.

4 Kalbsschnitzel (je 200 g, 2 cm dick), Salz, weißer Pfeffer, 4 Scheiben gekochter Schinken (je 150 g), 4 Scheiben Emmentaler (je 100 g), 2 Eßlöffel Mehl, 2 Eier, 3 Eßlöffel Semmelmehl, Bratfett; 1 Zitrone zum Garnieren

In die Kalbsschnitzel an der Längsseite Taschen einschneiden (oder vom Metzger einschneiden lassen). Die Schnitzel salzen und pfeffern, in jedes eine Scheibe gekochten Schinken und eine Käsescheibe geben. Die Öffnung mit Holzspießchen zustecken. Die Schnitzel nacheinander durch Mehl, verquirltes Ei und Semmelmehl ziehen, in der Pfanne in heißem Fett beiderseits je 8–10 Minuten braten und auf einer vorgewärmten Platte anrichten. Mit Zitronenachteln garnieren. Dazu passen Kartoffelkroketten und Blumenkohl oder Erbsen und Karotten, als Getränk ein kräftiger Weißwein oder ein gut gekühlter Rosé.

Rosé
WEINKELLEREI KÜNZEL

Emmentaler

Quiche Lorraine

Man könnte auch einfach von Lothringer Specktorte sprechen. Aber Quiche Lorraine klingt viel besser, wobei Quiche nichts anderes als eine mundartliche Umdeutung von „Küche“ sein dürfte. Wichtig ist, daß die Komposition aus Schinkenspeck und Emmentaler heiß auf den Tisch kommt – möglichst mit einem herzhaften Weiß- oder Rotwein aus dem Elsaß. Quiche Lorraine ist ein Abendessengericht, eignet sich aber auch vorzüglich für einen Mitternachtsimbiß.

Für den Teig: 200 g Mehl, 3 Eßlöffel kaltes Wasser, 1/2 gestrichener Teelöffel Salz, 150 g Butter; Semmelmehl; für den Belag: 150 g Schinkenspeck, 250 g Emmentaler, 1/8 l saure Sahne, 4 Eier, 3 Eßlöffel gehackte Petersilie, 1 gestrichener Teelöffel Edelsüßpaprika

Mehl in eine Backschüssel geben, in der Mitte eine Vertiefung eindrücken, das Wasser hineingießen und mit dem Salz und etwas Mehl zu Brei verrühren. Die in Flöckchen zerteilte Butter darauf verteilen und alles zu einem glatten Mürbteig verkneten, 30–40 Minuten ruhen lassen. Den Teig ausrollen, eine gefettete Springform damit auslegen (24 cm Durchmesser) und einen 2–3 cm hohen Rand formen. Die Teigplatte mit Semmelmehl bestreuen. Speck und Käse in kleine Würfel schneiden. Sahne mit Eiern verquirlen, die Würfel, Petersilie und Paprika hineinmischen. Die Speck-Eier-Masse auf den Teigboden geben und mit dem Teigschaber glätten. Die Quiche 35–45 Minuten bei 210–220°C backen und heiß servieren. Am besten paßt sie zu einem herzhaften Weiß- oder auch Rotwein aus dem Elsaß. Als Abendessen wird sie meist mit frischem Kopfsalat in würziger Kräutermarinade angeboten.

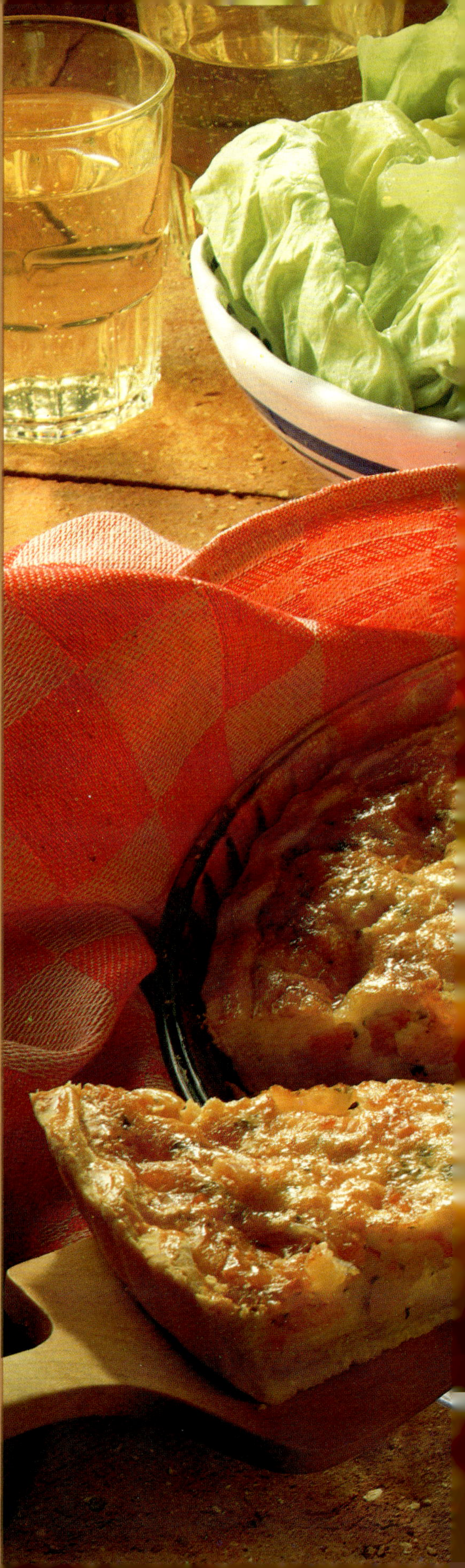

Feta

Bulgarische Käse-Pitka

In den Ländern des Balkans und am östlichen Mittelmeer werden einige Weißkäsesorten hergestellt, die sich auch bei uns viele Freunde gemacht haben, ausgelöst teils durch Urlauberströme, teils durch die Zuwanderung von Gastarbeitern. Am bekanntesten ist der griechische Feta. Er wird ebenso wie der bulgarische Sirene vorwiegend aus Schaf- oder Ziegenmilch bereitet. Beide Käsesorten kann man frisch verzehren, man kann sie aber auch monatelang in einer Salzlake lagern – daher die Sortenbezeichnung Lakekäse. Der Salzgehalt der gelagerten Käse liegt zwischen vier und zehn Prozent.

500 g Weizenmehl, 25 g Hefe, 1 Teelöffel Zucker, 1/4 l Wasser, 1 Teelöffel Salz; Füllung aus 250 g Feta (ersatzweise ein anderer Schaf- oder ein Hüttenkäse), 1 Ei; 1 Eigelb zum Bestreichen

Mehl in eine Schüssel geben, eine Vertiefung eindrücken, die zerbröckelte Hefe mit dem Zucker und etwas lauwarmem Wasser hineingeben und mit einem Teil des Mehls zum Vorteig verrühren, 40–60 Minuten gehen lassen, dann mit Salz, restlichem Mehl und Wasser verrühren und kräftig mit dem Rührlöffel schlagen (oder Knethaken des Handrührgeräts verwenden), bis sich der Teig von der Schüsselwand löst. Zum Ballen geformt nochmals 30–40 Minuten gehen lassen, dann etwa 45 × 45 cm groß ausrollen und 15 cm große Quadrate ausschneiden. Käse mit dem Ei durcharbeiten, auf jedes Teigviereck einen Eßlöffel Füllung setzen, die Ecken zur Mitte einschlagen und festdrükken. Die Pitka auf ein gefettetes Backblech geben, mit verquirltem Eigelb bestreichen und 12–15 Minuten im vorgeheizten Ofen bei 220° C goldgelb backen.

Feta

Griechischer Bauernsalat

Fetakäse gibt es in vielen Ländern Südeuropas. Seine Heimat ist zweifellos Griechenland, wo der Feta möglicherweise schon zu Homers Zeiten als Hirtenkäse eine Rolle spielte. Der Dichter berichtet ausführlich über die Höhle des Zyklopen Polyphem, in der Odysseus und seine Gefährten viele „dichtgeflochtene Körbe" mit Käse entdeckten. Polyphem wird von Homer als Vielfraß geschildert. Die Griechen von heute werden es nicht mit ihm aufnehmen wollen, aber sie liegen mit einem Käseverbrauch von 15 Kilogramm jährlich an der Spitze der Weltrangliste der Käseesser.

500 g Tomaten, 1 Salatgurke, 2 Paprikaschoten, 2 mittelgroße Zwiebeln, 150 g Feta (ersatzweise ein anderer Schafkäse), 2 Eßlöffel schwarze Oliven, 3 hartgekochte Eier, 3 Sardellenfilets; Salatsoße aus 3 Eßlöffeln Öl, 2 Eßlöffeln Zitronensaft, 1/2 Teelöffel geriebenem Oregano, 1 Prise schwarzem Pfeffer, 1 Prise Zucker, 1 Teelöffel Salz

Tomaten kreuzweise einritzen, überbrühen, abziehen und in Scheiben oder Achtel schneiden. Gurke waschen, ungeschält hobeln. Paprikaschoten aufschneiden, von Kernen und Scheidewänden befreien, in feine Streifen schneiden. Zwiebeln schälen und in sehr dünne Scheiben schneiden. Käse würfeln, Eier schälen und achteln oder in dünne Scheiben schneiden. Sardellen würfeln. Alle Salatzutaten vorsichtig miteinander vermischen. Soßenzutaten vermengen und abschmecken, über den Salat gießen. In einer großen Salatschüssel anrichten. Dazu kann man Stangenweißbrot oder Bauernbrot reichen, außerdem einen griechischen oder jugoslawischen Rotwein.

Feta

Orientalische Käsepastete

Der Feta, der sich in Rezepten wie diesem ohne weiteres durch Sirene aus Bulgarien oder Telemea aus Rumänien ersetzen läßt, wird heute fabrikmäßig hergestellt, auch in der Bundesrepublik. Die griechischen Hirten bewahrten die Milch einst in Ledersäcken auf, wo sie gerann. Echter Feta ist schneeweiß – gelbliche Farbe deutet auf die Verwendung von Kuhmilch hin.

1 Paket tiefgefrorener Blätterteig; für die Füllung: 500 g Feta (ersatzweise anderer Schaf- oder Ziegenfrischkäse), 3 Eier, 2 Becher Joghurt, Salz, schwarzer Pfeffer; für den Überzug: 50 g Parmesan, 1 Ei

Blätterteig nach Vorschrift auftauen lassen, ausrollen und zwei Teigplatten in Größe der Auflauf- oder Springform und einen Teigstreifen für das Auslegen des Randes ausschneiden. Den Boden der Form mit der ersten Lage bedecken, den Rand des Teiges anfeuchten, ebenso die untere Kante des Randstreifens. Mit diesem die Form ausfüttern, an den Boden andrücken. Feta mit verquirlten Eiern und Joghurt gründlich verrühren, mit Salz und Pfeffer würzen, die Masse in die Form geben und mit der zweiten Teigplatte zudecken, dabei wiederum die Ränder anfeuchten und gut andrücken. Die Deckplatte mehrmals einschneiden, damit der Dampf entweichen kann. Parmesan reiben und mit dem Ei verquirlen, die Deckplatte damit bestreichen. Die Pastete im vorgeheizten Ofen 35 Minuten bei 240° C backen; mit Alufolie abdecken, sobald die Oberfläche goldgelb geworden ist. Warm oder kalt aus der Form servieren. Kopfsalat mit Kräutermarinade und ein kräftiger Rotwein schmecken am besten dazu.

Fontina

Hühnerbrüste „Aostatal"

Kenner zählen den Fontina aus der italienischen Region Piemont, einen halbharten Schnittkäse, zu den besten Käsen der Welt. Wie andere berühmte Käse ging auch er aus einem Hirtenkäse hervor. Fontina wurde früher aus Schafmilch gewonnen. Heute macht man ihn aus frischer Kuhmilch. Während der Sommermonate, von Juni bis September, wird noch heute in den Hütten der genossenschaftlichen Alpwirtschaften gekäst. In den übrigen Monaten treten die Käsereien im Tal in Aktion. Fontina-Laibe haben einen Durchmesser von 35 bis 45 Zentimeter und sind etwa 10 Zentimeter hoch. Echter Fontina trägt den Stempel des Consorzio della Fontina tipica. Ähnlicher Käse aus den Nachbargebieten heißt bei uns meist Aostakäse, in Italien Fontal oder Genziano.

4 große Hühnerbrüste, etwas Mehl, Salz, Pfeffer, 40 g Butter, 50 g weiße Trüffeln, 1 Glas trockener Weißwein, 2 Eßlöffel Madeira, 125 g Fontina

Die vorbereiteten Hühnerbrüste mit Mehl bestäuben, salzen und pfeffern, in der Bratpfanne in heißer Butter beiderseits je 6–8 Minuten goldbraun braten, dann in eine ofenfeste Form geben und warmstellen, mit hauchdünnen Trüffelscheiben bestreuen. Weißwein und Madeira in die Bratpfanne gießen und den Bratensatz bei schwacher Hitze loskochen. Die Soße abschmecken, etwas einkochen und über die Hühnerbrüste gießen. Jede Hühnerbrust mit einer Fontina-Scheibe belegen. Im vorgeheizten Backofen (180°C) oder unter dem Grill überbacken, bis der Käse cremig zerläuft. Heiß zu jungem Gemüse und Pommes frites oder Kartoffelkroketten reichen, dazu am besten einen norditalienischen Weißwein anbieten.

VINO DA TAVOLA
BIANCO
BALUCE DEL CANAVESE
Imbottigliato
dalla
CANTINA SOCIALE DEL CAN
CUCEGLIO
Tel. 32034

Fontina

Risotto alla Fonduta

Woher der Fontina seinen Namen hat, ist unklar. Möglicherweise geht er auf einen Berg namens Fontin zurück. Vielleicht ist die Bezeichnung aber auch mit „Fondue“ verwandt. Tatsächlich verwendet man in Piemont den Fontina als Fondue-Grundlage. Die Piemonteser Fonduta wird in der Regel allerdings nicht wie eine klassische Fondue aus dem Caquelon verspeist, sondern als Käsesoße über Weißbrotstückchen, Maisgrießschnitten (Polenta) oder, wie in unserem Rezept, über Reis gegossen. Falls Sie keinen Fontina bekommen können: ähnlich schmeckt die Fonduta aus Chester und Tilsiter, je zur Hälfte.

Für den Risotto: 1 kleine Zwiebel, 50 g Butter oder Öl, 250 g Reis, 1 Glas Weißwein, 1/2 l Fleischbrühe, Salz; für die Fonduta: 150 g Fontina, 1/8 l Milch, 2 Eigelb, 25 g Butter, 1 Prise Pfeffer; 25 g weiße Trüffeln (Dose)

Für den Risotto die Zwiebel fein hacken, in Butter oder Öl hellgelb dünsten, den trocken abgeriebenen Reis dazugeben und unter Umrühren glasig rösten. Mit Wein aufgießen und diesen einkochen lassen, dann heiße Fleischbrühe angießen und salzen, den Reis im offenen Topf unter Umrühren aufkochen und zugedeckt in 18 Minuten auf kleiner Flamme gar quellen lassen. Für die Fonduta den geraffelten Fontina in Milch einweichen, den Käse im Wasserbad unter Umrühren schmelzen. Eigelb und zerlassene Butter dazugeben, mit Pfeffer und Salz würzen und die Creme bis zum Aufsteigen erhitzen. Risotto auf tiefe Teller verteilen und mit Fonduta überziehen, mit hauchdünnen Trüffelscheiben garnieren. Abwandlung: Fonduta zu Polenta oder zu Weißbrotscheiben servieren. Als Getränk paßt ein würziger italienischer Weißwein am besten dazu.

Frischkäse

Crabmeat-Mousse Philadelphia

Die Bezeichnung „Frischkäse" ist ein Sammelbegriff für alle Käsesorten, die man aus Quark gewinnt und die keinem Reifeprozeß unterzogen werden. Neben dem Speisequark gehören in diese Abteilung nicht nur die Rahm- und Doppelrahm-Frischkäse, sondern auch der Schichtkäse und Zubereitungen wie der Cottage Cheese. Im Gegensatz zu gereiftem Käse sollte Frischkäse stets im Kühlschrank aufbewahrt und bald verspeist werden. Magere bis vollfette Sorten kommen direkt aus dem Kühlschrank auf den Tisch. Nur für den edleren Doppelrahm-Frischkäse gilt, daß man ihm vor dem Verzehr eine Viertelstunde Zeit lassen sollte, sich zu „akklimatisieren".

200 g Crabmeat, 1 Eßlöffel Zitronensaft, 8 Blatt weiße Gelatine, 400 g Doppelrahm-Frischkäse, 1/8 l Sahne, 2 Eier, 2 Teelöffel Worcestersauce, je 1 Prise Salz und Pfeffer

Crabmeat in Stückchen zerpflücken, mit Zitronensaft beträufeln und ziehen lassen. Gelatine in wenig kaltem Wasser einweichen. Frischkäse mit Sahne und Eigelb verrühren, das Krebsfleisch untermischen, mit Worcestersauce, Salz und Pfeffer würzen. Gelatine ausdrücken und im Wasserbad oder bei schwächster Schaltstufe unter Rühren auflösen, aber nicht zum Kochen bringen. Geliersud unter die Käsemasse heben, im Kühlschrank halbfest erstarren lassen. Eiweiß sehr steif schlagen, unter die erstarrte Käsemasse ziehen. 4 Portionsförmchen (etwa 10 cm Durchmesser) mit kaltem Wasser ausspülen, die Masse hineinfüllen und im Kühlschrank etwa 2 Stunden gut durchkühlen lassen. Auf Glasteller stürzen und mit Stangenweißbrot als Vorspeise oder Imbiß reichen. Dazu kann man leichten Weißwein servieren.

Frischkäse

Frischkäse-Dips

Die Gelehrten streiten sich darüber, ob der Dip eine Erfindung der Käseindustrie oder der geniale Einfall einer partybeflissenen Hausfrau ist. Fest steht, daß es kaum ein arbeitsparenderes Verfahren gibt, seine Gäste auf dem Wege der Selbstbedienung mit ein paar leckeren Bissen zu versorgen. Die Bezeichnung Dip kommt vom englischen *to dip* = tauchen, eintauchen, senken. Vielleicht haben Sie schon einmal davon gehört, daß ein Schiff unter bestimmten Voraussetzungen seine Flagge dippt, das heißt grüßend senkt. In unserem Fall geht es nicht um eine Flagge, die gesenkt wird, sondern um Kräcker, Salzkekse und -stangen, Kartoffelchips, Gurkenstifte und dergleichen, die in eine cremig angerührte und delikat abgeschmeckte Käsemasse getaucht und dann genußvoll verzehrt werden. Als Dip-Schüsseln verwendet man kleine bunte Steingutnäpfe, aus denen sich jeder ohne alle Teller-Umwege direkt bedienen kann. Hier drei Vorschläge für Frischkäse-Dip-Mixturen:

250 g Doppelrahm-Frischkäse,
50 g Mayonnaise, 3 Eßlöffel saure Sahne,
Salz, weißer Pfeffer, 2 Teelöffel Rosenpaprika,
2 Teelöffel Currypulver, je 1 Eßlöffel gehackte
Petersilie, Dill, Schnittlauch und Kresse

Frischkäse durch ein Sieb streichen, mit Mayonnaise und Sahne glattrühren, mit Salz und Pfeffer abschmecken, auf drei Schälchen verteilen. Die erste Portion mit Paprika, die zweite mit Curry würzen, die dritte mit gehackten Kräutern mischen. Als Partyimbiß reichen, dazu Cracker, Salzstangen, Kartoffelchips, Chicoréeblätter, Gurkenstifte und Streifen von Stangensellerie zum Einstippen anbieten.

Gorgonzola

Gorgonzola-Birnen

Es gibt nicht viele Rezepte für komplette Gerichte aus Gorgonzola. Meist wird der italienische Blauschimmelkäse „pur" gegessen, als Dessert mit einem Stück Weißbrot oder auch zum Abendbrot. Eine ausgewachsene Käseplatte kann nicht auf ihn verzichten. Im Gegensatz zu einer weitverbreiteten Meinung ist der Gorgonzola keine Roquefort-Kopie, sondern ein eigenständiger Käse, der sich im übrigen von der französischen Verwandtschaft durch milderen Geschmack, niedrigeren Salzgehalt und bessere Streichfähigkeit unterscheidet. Gorgonzola gibt es schon seit rund tausend Jahren. Er ist benannt nach der gleichnamigen Kleinstadt nordöstlich von Mailand, wo sich einst die zu Winteranfang von den Bergen ins Tal getriebenen Viehherden sammelten. Um diese Zeit waren die Kühe müde (italienisch: stracco) und gaben nur wenig Milch. So hieß denn der daraus produzierte Käse zunächst Stracchino di Gorgonzola. Davon blieb nur die Ortsbezeichnung übrig.

4 große Birnen, 1 Eßlöffel Zitronensaft,
2 Eßlöffel gehackte Walnüsse,
65 g Gorgonzola, 20 g Butter,
8 Cocktailkirschen

Birnen waschen, schälen und halbieren, dabei das Kernhaus herausschälen und die Birnenhälften etwas aushöhlen. Die Birnenhälften innen und außen mit Zitronensaft beträufeln. Unterseiten in gehackten Walnüssen wälzen. Käse zerdrücken, mit Butter schaumig rühren. Die Käsecreme mit dem Spritzbeutel in die Birnenhälften spritzen, mit Kirschen garnieren. Gorgonzola-Birnen gut gekühlt als Nachtisch reichen. Dazu paßt ein kräftiger italienischer Weißwein.

TAVOLA
DELLA VALDERA
AMABILE
SELVATELLE-ITALIA

Gouda

Holländische Käsesuppe

In Frankreich gibt es mehr als 250 unterschiedliche Käsesorten. Die Niederländer kennen nur zwei wichtige Käse, nämlich den Edamer und den Gouda. Jeder von den beiden kommt aber in mindestens 200 Geschmacksnuancen vor. Jedenfalls behaupten das die Holländer.
Für den Nichtkenner ist es manchmal schwierig, Geschmacksrichtungen und Altersstufen beim Gouda zu unterscheiden. Der ganz junge Gouda ist am preiswertesten, er eignet sich als Brotbelag, für Salate, auch für Toastgerichte und schmeckt am zartesten. Mittelalter, etwas pikanterer (und teurerer) Gouda ist vielseitig verwendbar, etwa für die Käseplatte, als Dessert, ebenfalls für Salate. Der kräftig schmekkende und härtere alte Gouda, den auch unser Suppenrezept vorschreibt, läßt sich gut hobeln oder reiben und deshalb für Soßen, Omeletts, Fondues und Pizzas verwenden.

150 g alter Gouda, 40 g Mehl, 50 g Butter, 1 l Fleischbrühe, Salz, weißer Pfeffer, 1/8 l Sahne, 1 Eigelb, je 1/2 Bund Petersilie und Schnittlauch, 2 Scheiben Toastbrot, 20 g Butter

Käse reiben. Mehl in Butter anschwitzen, mit heißer Fleischbrühe auffüllen, unter Umrühren aufkochen und bei schwacher Hitze 8 Minuten kochen, dann den Käse hineinstreuen und unter Umrühren schmelzen lassen, mit Salz und Pfeffer würzen. Sahne mit Eigelb verquirlen und in die von der Brennstelle genommene Suppe rühren, nicht mehr kochen. Kräuter waschen, trockentupfen und hacken. Weißbrot würfeln und in Butter goldbraun rösten. Kräuter auf vier Teller verteilen, mit Suppe auffüllen und die Weißbrotwürfel daraufgeben (oder gesondert reichen).

Gouda-Kalbshaxe in der Tonform

Auf der Beliebtheitsskala der Niederländer steht der Gouda ganz weit oben: 65 Prozent der gesamten Käseproduktion entfallen auf ihn. Aber auch im Ausland steht Gouda an der Spitze, was schon daran abzulesen ist, daß man ihn einst Holländer Käse nannte, so wie der Emmentaler als Schweizer Käse bezeichnet wird. Noch vor achtzig Jahren war der Gouda ein reiner Bauernkäse. Inzwischen kommt er größtenteils aus Fabriken. Aber im Gegensatz zu anderen Käseländern, wo die industrielle Produktion den Kleinbetrieb im Lauf der Jahrzehnte zum Aussterben brachte, gibt es in den Niederlanden immer noch Hunderte von bäuerlichen Gouda-Herstellern, deren Erzeugnisse unter Kennern besonders gefragt sind und ganz anders schmecken als die Käse aus den großen Fabriken.

1 kg Kalbshaxe in Portionsstücken, 200 g Langkornreis, 500 g Tomaten, 1 große Stange Porree, 250 g mittelalter Gouda, Salz, weißer Pfeffer, 1 Knoblauchzehe, 1 Prise zerriebener Oregano

Kalbshaxe vorbereiten, mit Gewürzen einreiben. Reis in leicht gesalzenem Wasser halbgar kochen und abgießen. Tomaten überbrühen, enthäuten und halbieren. Porree putzen, waschen, der Länge nach halbieren und in 4 cm lange Stücke schneiden. Tonform 10 Minuten wässern, abtropfen lassen. Die Zutaten abwechselnd lagenweise in die Form geben, jede Schicht würzen. Mit einer Käseschicht abschließen. Die Form schließen, im vorgeheizten Ofen bei 200°C etwa 100–120 Minuten bakken. Dazu frischen Kopf- oder Endiviensalat reichen. Als Getränk paßt ein leichter Rot- oder ein herzhafter Weißwein.

HUIZEN-HOLLAND
WESTLAND
ECHTER KASE AUS HOLLAND

Gouda

Tropicana-Salat mit Gouda

Gouda wird heute in vielen Ländern hergestellt, in Deutschland seit 1825, als die Bauerntochter Maria Reymer auf dem elterlichen Gutshof Hogefeld im Kreis Kleve die Käsekünste ausprobierte, die sie bei Verwandten in den Niederlanden gelernt hatte. Der Name des Käses stammt von der holländischen Stadt Gouda bei Rotterdam in der Provinz Utrecht ab. Dort wird Gouda seit dem 16. Jahrhundert produziert und vermarktet (in Gouda ist noch heute jeden Donnerstag Käsemarkt für Bauern-Gouda).

Deutscher Gouda wird nach den holländischen Regeln hergestellt. Es gibt ihn in vier Fettstufen. Die Käselaibe oder -brote müssen vor dem Verkauf mindestens fünf Wochen lagern. Oft werden dem Gouda Gewürze beigefügt, beispielsweise Kümmel.

Für die Marinade: 1 Becher Joghurt, Saft von 2 Zitronen, 1 Teelöffel Salz, 1 Eßlöffel Zucker; für den Salat: 1 Knolle Sellerie (etwa 500 g), 2/3-Dose Ananas in Stücken, 2/3-Dose Sauerkirschen, 100 g Walnußkerne, 200 g junger Gouda

Joghurt in einer Schüssel mit Zitronensaft, Salz und Zucker verrühren. Sellerie waschen, schälen und in die Marinade raffeln. Ananas und Kirschen abtropfen lassen; die Ananasstücke bei Bedarf in Faserrichtung teilen. Walnüsse grob hacken, Käse in dünne Scheiben und diese in 3-cm-Quadrate schneiden. Alle Zutaten bis auf die Kirschen mit der Marinade vermengen. Kurz vor dem Auftragen des gut gekühlten Salats die Kirschen unterheben. Abwandlung: Im Sommer frische Früchte (Ananas, Kirschen, Pfirsiche, Birnen, Weintrauben) verwenden.

Gouda

Gouda-Schlemmerpasteten

Die Verwendungsmöglichkeiten von Gouda in der Küche sind beinahe unbegrenzt. Zum Gouda pur trinkt man, wie in Holland, Bier oder einen kräftigen Weißwein, wenn es sich um alten oder Bauerngouda handelt. Mittelalte Sorten passen gut mit einem leichten und fruchtigen Rotwein zusammen, etwa einem Ahrwein, Portugieser oder Beaujolais. Zum jungen Gouda wäre ein leichter, blumiger Weißwein oder auch ein Rosé vorzuschlagen. Kenner bevorzugen einen Spätburgunder oder Trollinger.

250 g Rinderfilet, 4 Eßlöffel Öl, 3 Zwiebeln, Salz, Cayennepfeffer, 1/4 l Wasser, 150 g Brechbohnen (frisch oder tiefgefroren), 1 Päckchen Jägersoße, 100 g Pfifferlinge, 3 Tomaten, 200 g mittelalter Gouda, 1 Spritzer Tabascosauce; 4 Blätterteigpasteten

Filet in 15 mm große Würfel schneiden, in heißem Öl anbraten, dann herausnehmen. Zwiebeln in Halbmonde schneiden und in dem Fond schmoren. Etwas Salz und Cayennepfeffer zugeben und mit Wasser ablöschen. In die kochende Flüssigkeit die geputzten Bohnen hineingeben und 15 Minuten bei geschlossenem Topf garen. Bohnen herausnehmen, die Flüssigkeit für ein Päckchen Jägersoße abmessen und die Soße nach Vorschrift zubereiten. Fleisch, Bohnen, gedünstete Pfifferlinge und abgezogene, geachtelte Tomaten ohne das Mark in die Soße geben und aufkochen lassen. Kasserolle vom Herd nehmen, den würfelig geschnittenen Käse unterheben und abschmekken. Pasteten im Backofen aufbacken und mit dem Ragout füllen. Restliches Ragout ringsherum verteilen. Dazu kann man frischen Kopfsalat reichen, außerdem paßt ein milder Rotwein zu den Schlemmerpasteten.

Gruyère

Käsetoast Croque-Monsieur

Croquer heißt knabbern, und so könnte man den Namen dieser französischen Spezialität einfach mit „Herren-Knabberei" übersetzen, freier als „überbackener Käsetoast". Aber das klingt natürlich lange nicht so gut, und in Frankreich steht Croque-Monsieur schließlich auch unter dieser Bezeichnung auf den Speisekarten, vorwiegend auf denjenigen der Drugstores, die sich beispielsweise in Paris ausgebreitet haben. Übrigens gibt es auch ein Croque-Madame …

Der Gruyère-Käse ist keine französische, sondern eine Schweizer Spezialität. An Ort und Stelle heißt er in der mehrsprachigen Schweiz auch Greyerzer. Sein Herstellungsverfahren ähnelt demjenigen des Emmentalers. Die Laibe sind kleiner, auch die Löcher in dem zarten, fettig-weichen Teig. Je nach dem Alter schmeckt der Gruyère unterschiedlich: mild und duftig nach fünf Monaten, kräftiger nach acht Monaten, ausgesprochen aromatisch nach einem Jahr Lagerzeit. Beim Gruyère-Einkauf sollte man auf diese Unterschiede achten: Es kommt ganz auf den Verwendungszweck an.

8 Scheiben Toastbrot, 40 g Butter, 4 Scheiben roher oder gekochter Schinken, je 2 mm dick, 4 Scheiben Gruyère in Größe der Brotscheiben; Petersilie, 4 kleine Tomaten

Brotscheiben auf einer Seite buttern. 4 Scheiben mit Schinken- und dann mit Käsescheiben belegen, mit Brotscheiben zudecken. Restliche Butter auf die Oberseite streichen. Die Pakete 10 Minuten im vorgeheizten Ofen bei 200°C überbacken und goldbraun toasten. Mit Petersiliensträußchen und Tomatenvierteln garniert zu Kopf- oder Endiviensalat reichen.

Gruyère

Neuenburger Fondue

An der Spitze aller Fondues steht in der Schweiz unbestritten die Neuenburger, auch Fondue neuchâteloise genannt, je zur Hälfte aus Gruyère und Emmentaler bereitet, Stamm-Mutter ungezählter anderer Kombinationen. Greyerzer Käse allein würde eine zu „scharfe" Fondue ergeben. Der Emmentaler sorgt für Milderung, für lieblicheren Geschmack. Überdies kann man Kraft und Stärke natürlich durch die Wahl der richtigen Gruyère-Altersstufe steuern.
Wenn Sie zum Käse aus dem Kanton Neuenburg (Neuchâtel) auch den passenden Weißwein zur Fondue reichen, etwa einen Auvernier oder Cortaillod, werden Ihre Gäste begeistert sein. Aber auch ein Fendant oder Johannisberger aus dem Wallis kommt in Frage – von diesen Sorten wächst mehr.

1 Knoblauchzehe, je 300 g Gruyère (Greyerzer) und Emmentaler, gerieben oder gehobelt; 3/8 l trockener Weißwein, 2 Gläschen Kirschwasser, 3 Teelöffel Speisestärke, weißer Pfeffer aus der Mühle, geriebene Muskatnuß, 2 Teelöffel Zitronensaft; Stangenweißbrot

Fonduegefäß mit der halbierten Knoblauchzehe ausreiben. Käse mit Wein vermischen und zum Kochen bringen, dann das mit Speisestärke verrührte Kirschwasser hinzufügen, dabei ständig umrühren. Mit Pfeffer und Muskatnuß abschmecken, Zitronensaft dazugeben, nochmals kurz aufkochen lassen und auf dem Rechaud servieren. Dazu in Würfel geschnittenes Stangenweißbrot reichen. Jeder spießt sich Brotbrocken auf die Gabel und holt sich damit etwas von der Käsecreme aus dem Fonduegefäß. Dazu paßt Schweizer Weißwein am besten – man kann aber zur Fondue auch Tee reichen und zwischendurch einen Schnaps anbieten.

Gruyère

Greyerzer Käsepfannkuchen

Der Gruyère kommt aus einem Schweizer Städtchen, in dem sich alles um den Käse dreht. Gruyères oder Greyerz liegt im Kanton Freiburg „in Akropolislage“, wie ein Lexikon vermerkt, ein richtiges schönes Stückchen Bilderbuchschweiz. Im Stadtwappen findet sich kein Käse, sondern ein Kranich, französisch „*grue*“ – daher auch der Name des Ortes. Wenn man an einem Sommerabend durch die Straßen spaziert, liegt ein leiser Fondue-Duft in der Luft.

Für die Soße: 1 Zwiebel, 80 g Schinkenspeck, 20 g Butter, 35 g Mehl, 1/4 l Fleischbrühe, knapp 1/4 l Milch, weißer Pfeffer, Salz, geriebene Muskatnuß, 200 g geriebener Gruyère (Greyerzer), 3 Eßlöffel Sahne, 1 Eßlöffel Obstler; für die Pfannkuchen: 250 g Mehl, 1/2 l Milch, 4 Eier, 1 Prise Salz, Backfett; für das Überbacken: 20 g Butter, 50 g geriebener Gruyère

Für die Soße Zwiebel und Speck würfeln, in Butter glasig dünsten, Mehl darin anschwitzen, mit Brühe und Milch auffüllen, 8 Minuten durchkochen und mit den Gewürzen abschmecken. Käse und Sahne hineinrühren, nochmals aufkochen und mit Obstler verfeinern. Für die Pfannkuchen die angegebenen Zutaten zu einem nicht zu flüssigen Teig verarbeiten, 30 Minuten stehen lassen, dann in der Pfanne in heißem Backfett 6–8 Pfannkuchen backen und beiderseits bräunen. Die Pfannkuchen mit Soße bestreichen, zusammenrollen und in eine flache ofenfeste Form geben, mit der restlichen Soße überziehen, Butterflöckchen aufsetzen und Käse aufstreuen. Die Pfannkuchen 15 Minuten im vorgeheizten Ofen bei 180°C backen und heiß zu frischem Salat reichen. Dazu einen kräftigen Weißwein.

Überbackener Fenchel Genfer Art

Gruyère gibt es mindestens seit dem Jahre 1115. Damals, so belegen Dokumente, gründete der erste Graf von Greyerz die Abtei Rougemont, und seine Untertanen mußten die Kirchensteuer in Form von Käse entrichten. Im 17. Jahrhundert war der Ruf des Gruyère über die Grenzen der Schweiz gedrungen. Alte Rechnungen belegen, daß der Käse sowohl nach Turin in Italien als auch nach Lyon in Frankreich exportiert wurde. Heute kommt der Gruyère nicht nur aus dem Kanton Freiburg, sondern aus vielen Gegenden der französischsprachigen Schweiz.

8 kleine Fenchelknollen, Salz, 1 Eßlöffel Zitronensaft; für die Soße: 30 g Butter, 30 g Mehl, 1/4 l Fenchelkochwasser, 1/4 l Milch, 2 Eigelb, 1/8 l Sahne, 65 g Gruyère (Greyerzer), 1 Prise Salz, 1 Prise geriebener Muskat; etwas Butter für die Form

Fenchelknollen putzen, von Stielen und harten Außenblättern befreien (etwas zartes Fenchelgrün zurücklegen), halbieren, in leicht gesalzenem Wasser mit Zitronensaft gar und bißfest kochen (15–20 Minuten), abtropfen lassen und warmstellen. Für die Soße Mehl in Butter anschwitzen, mit Fenchelbrühe und Milch auffüllen, unter Umrühren aufkochen und bei schwacher Hitze 8 Minuten kochen lassen. Topf von der Brennstelle nehmen. Eigelb mit Sahne und dem geriebenen Käse verrühren, in die Soße geben, gut durchrühren, mit Salz und Muskat abschmecken. Fenchelhälften in eine gefettete ofenfeste Form geben, mit Soße überziehen und 15 Minuten bei 200°C im vorgeheizten Ofen backen. Dazu passen Petersilienkartoffeln und Salat, als Getränk ein leichter Weißwein oder ein Rosé.

Harzer mit Griebenschmalz

Im Gegensatz zu den meisten anderen Käsesorten ist der Harzer ein Sauermilchkäse, hergestellt aus Sauermilchquark (also nicht aus einer Käsemasse, die ihre Gerinnung ausschließlich dem Labferment verdankt). Mit dem Harzer verwandt sind Käse wie der Mainzer oder der Bauernhandkäse, die Olmützer Quargl oder der Korbkäse. Es gibt zwei Sorten: Harzer mit einem Weißschimmel-Überzug und solchen, dessen Oberfläche eine goldgelbe bis rötliche Schmiere bedeckt.

Alle Sauermilchkäse werden normalerweise auf die eine oder andere Art mit Brot verspeist. Es gibt nur wenige Spezialrezepte, etwa den Frankfurter Handkäs mit Musik (in einer Marinade) oder auch die Harzer Fondue, bereitet aus Sauermilchkäse mit Milch, Wein und angebratenem Räucherspeck.

1 kg Schweineflomen (Bauchfett), 2 kleine Zwiebeln, 1 säuerlicher Apfel, 1 Teelöffel Salz; 1 Rolle Harzer, Landbrot

Schweineflomen häuten, in feine Würfel schneiden, in einem Brattopf bei schwacher Hitze ausbraten (auslassen). Wenn sich die Grieben goldgelb zu färben beginnen (nach etwa 25 Minuten), fein gewürfelte Zwiebeln und Apfel dazugeben und weiterbraten, bis sich die Zwiebeln goldgelb bis goldbraun gefärbt haben. Mit Salz abschmecken. Das Griebenschmalz mit den Einlagen oder auch durchgesiebt in vorgewärmte Steinguttöpfchen füllen und fest werden lassen. Nach dem Erkalten mit Einmachhaut verschließen. Das Schmalz als Brotaufstrich verwenden, die Brotscheiben dick mit Harzer belegen oder den Käse dazuessen. Abwandlung mit ausgelassenem Gänsefett – schmeckt noch besser zu Harzer.

Havarti

Dänische Käsetörtchen

Auf dem Havarti-Hof in Øverød auf Seeland wurde dieser dänische Käse von der Bäuerin Hanne Nielsen um die Mitte des 19. Jahrhunderts zuerst hergestellt. Sie muß eine erstaunliche Frau gewesen sein, diese Käsepionierin, die lange Auslandsreisen unternahm, um die Produktionsverfahren berühmter Käsesorten an Ort und Stelle zu studieren – und das ohne Fremdsprachenkenntnisse. Auf ihrem Hof erzeugte sie englischen Cheddar und holländischen Gouda, französischen Camembert – und eben Havarti, eine Tilsiter-Abart, die den Namen ihres Hofes lebendig erhielt.

Für den Teig: 200 g zerriebener Pumpernickel, 40 g Butter, 1 Ei; für die Füllung: 80 g gekochter Schinken, 1 kleine Zwiebel, 10 g Butter, 150 g Havarti (ersatzweise Esrom oder Danablu), 4 Eier, 1/4 l Sahne, je 1 Prise geriebene Muskatnuß und gemahlener Pfeffer

Für den Teig Pumpernickel mit Butter und Ei verkneten, Boden und Seitenwände von 4 kleinen Backformen (Torteletten- oder auch Aluformen) damit belegen, den Teig gut andrükken. Die Törtchen 15 Minuten im vorgeheizten Ofen bei 180°C backen, auskühlen und dabei in den Förmchen lassen. Für die Füllung Schinken und Zwiebel fein würfeln, in Butter anbraten, auf die Förmchen verteilen, mit 2/3 des in feine Würfel geschnittenen Käses zudecken. Eier mit Sahne verquirlen, mit Muskat und Pfeffer würzen, die Masse in die Förmchen geben. Restlichen Käse reiben oder zerkrümeln und auf die Sahne streuen. Die Törtchen 20 Minuten bei 180°C im vorgeheizten Ofen backen. Heiß zu Kopf- oder Chicoréesalat reichen. Dazu paßt ein dänisches Bier.

Käseauswahl

Großes Käse-Büfett

Wenn Sie Freunde haben, die für Käse schwärmen, sollten Sie bei nächster Gelegenheit ein Käse-Büfett veranstalten. Wie man so etwas machen kann, wird hier beschrieben. Aber natürlich gibt es auch noch andere Möglichkeiten – etwa ein Büfett mit Käse nur aus einem bestimmten Land, oder ein Büfett in Verbindung mit einer Weinprobe. Die beschriebenen Grundsätze gelten übrigens auch für den Aufbau einer Käseplatte, die man zum Abschluß einer Mahlzeit reicht.

Käse verschiedener Sorten (s. unten); als Beilagen mehrere Brot- und Brötchensorten, Butter, Salzstangen und -brezeln, dünn geschnittene Rettiche, Tomaten, Radieschen, frisches Obst (Weintrauben, Melonenspalten, saftige Birnen und Pfirsiche), Walnußkerne, Salzmandeln, Erdnüsse

Käse im Stück auf einer Holzplatte anrichten, als Garnitur bzw. in Körben und Schüsseln oder auf Tellern beliebige Beilagen aus den oben angeführten Zutaten. Das Käsesortiment sollte mindestens je einen Vertreter aus den nachstehenden Hauptgruppen enthalten:

- Feinmilde Käse: Tilsiter, Gouda, Edamer, Geheimrats-, Trappisten-, Wilstermarschkäse
- Kernige Käse: Emmentaler, Bergkäse, Appenzeller, Gruyère
- Aromatische Käse: Edelpilzkäse (z. B. Danablu, Bavaria blu, Roquefort, Gorgonzola), Butterkäse, Weißlacker, Steinbuscher
- Herzhafte Käse: Camembert, Brie, Limburger, Romadur, Münster, Weinkäse
- Würzige Käse: Harzer, Mainzer, Stangen- oder Handkäse, Quargl und Kochkäse
- Pikante Käse: Schaf- und Ziegenkäse, würzige Schmelzkäse-Variationen.

APPENZELLER
SWITZERLAND

Käseauswahl

Garnierte Käsebissen

Als Partyüberraschung oder auch als Bestandteil eines Kalten Büfetts sind Käsehappen immer gefragt. Neben verschiedenen Schnittkäsesorten kommen dafür besonders auch Frischkäse, Schmelzkäse und Käsezubereitungen in Frage, die sich leicht verarbeiten lassen. Nur auf zu stark riechende Sorten sollten Sie in diesem Fall verzichten.

Wenn eine traditionelle Käseplatte oder ein Käsebüfett schon beim letztenmal auf dem Speisenplan stand, sorgen bunte Käsebissen für Abwechslung. Man kann sie rechtzeitig vorbereiten, wobei der gestalterischen Phantasie keine Grenzen gesetzt sind. Hier einige Vorschläge in Kurzfassung:

- 2-cm-Edamer-Würfel mit Ananasecke und Maraschinokirsche aufspießen
- 2-cm-Gouda-Würfel mit Maiskölbchen und Perlzwiebel aufspießen
- 2-cm-Würfel aus Edelpilzkäse mit Birnenspalte und eingelegter Pflaume aufspießen
- Gebutterte Weißbrotscheiben schuppenförmig mit Brie-Scheiben belegen und mit Edelsüßpaprika überpudern
- 5 mm dicke Limburger-Scheiben in gehackten Kümmel drücken, auf Brot anrichten
- Gebutterte Stangenweißbrot-Scheiben dick mit Schmelzkäse bestreichen oder spritzen, mit Kressebüscheln garnieren
- Gebuttertes Weißbrot mit Tilsiter belegen, darüber schwarzer Pfeffer aus der Mühle
- Streichschmelzkäse mit Sahne glattrühren, in entkernte Datteln spritzen
- Talergroße Pumpernickelscheiben mit Kräuter-Streichschmelzkäse bestreichen, je eine Tomaten- und Eierscheibe und ein Sardellenfilet auflegen
- Aus glattgerührtem Streichschmelzkäse kleine Kugeln formen, in paprikagewürztem geriebenem Pumpernickel wälzen, auf Crackern oder Weißbrottalern anrichten.

Mainzer

Handkäs mit Musik

Der Mainzer gehört zu den Sauermilchkäsen, wird also aus Quark hergestellt. Man kann ihn einfach mit Schwarzbrot zum Abendessen verzehren. In der Frankfurter Gegend verarbeitet man ihn mit Vorliebe zu Handkäs mit Musik, wobei die Betonung bei Musik auf dem U liegt. Was mit der Musik gemeint ist, kann man nur vermuten. Besonders listige Erklärer glauben, damit seien irgendwelche Spätfolgen des Käseverzehrs gemeint. Da indessen auch in anderen deutschen Küchenregionen der Begriff „mit Musik“ nichts anderes meint als eine würzige Marinade mit Essig und Öl, wird es sich wohl auch in Frankfurt so verhalten.

Zu einem herzhaften Genuß dieser Art paßt als Getränk am besten der spritzige Äbbelwoi der Frankfurter Gegend, nur von Zugereisten Apfelwein genannt. Schon 1573 erscheint er in den Frankfurter Magistratsakten. Fachleute unterscheiden den Süßen, der noch keinen Alkohol enthält, vom zu Kopf steigenden Rauscher und dem Alten, der sechs Monate Kellerzeit hinter sich hat.

250 g Handkäs (Mainzer); für die Marinade: 3 Zwiebeln, 2 Eßlöffel Essig, 4 Eßlöffel Öl, Salz, schwarzer Pfeffer, 1 Teelöffel Senf, 1/8 l Apfelwein

Käse in Scheiben schneiden, auf Teller geben. Für die Marinade Zwiebeln schälen und fein würfeln, mit den übrigen Zutaten vermengen, zuletzt den Apfelwein hineingeben. Marinade über die Käsescheiben gießen und einige Stunden ziehen lassen. Dazu Bauernbrot reichen – oder auch Pell- oder Bratkartoffeln. Als Getränk kommt in erster Linie Apfelwein in Frage, aber auch ein spritziger Weißwein paßt gut dazu.

Manchego

Gebackene Eier in Reis

Das originelle spanische Rezept stammt aus der Mancha, woher auch der Manchego kommt (und seinen Namen hat), ein sehr beliebter spanischer Schafkäse, hergestellt aus der Milch der Manchego-Schafe, einer eigenartig herb schmeckenden Milch.

Wie verwandte Käse ist auch der Manchego, Spaniens meistverkaufter Käse, aus einer Bauernkäseart hervorgegangen. Es gibt ihn in unterschiedlichen Reifezuständen: ganz frisch (*fresco*), drei bis vier Wochen alt (*curado*) und über drei Monate gelagert (*viejo*). *Manchego en Aceite* ist Mancha-Schafkäse in Olivenöl. Auf diese Weise ist er bis zu einem Jahr lagerfähig und bekommt eine grauschwarze Rinde.

Warum aus Spanien so viel Schafkäse kommt, ist statistisch zu untermauern: In Spanien gibt es 23 Millionen Schafe, aber nur etwa drei Millionen Rinder.

1 Zwiebel, 2 Eßlöffel Olivenöl, 200 g Reis, 3/8 l Rindfleisch- oder Hühnerbrühe, 1/2 Teelöffel Salz, 1 Spritzer Tabascosauce, 4 Eier, 60 g geriebener Manchego (ersatzweise Emmentaler)

Zwiebel fein würfeln, in heißem Olivenöl goldgelb rösten, den trocken abgeriebenen Reis dazugeben und unter Umrühren kurze Zeit mitrösten. Brühe angießen, salzen und mit Tabascosauce würzen, den Reis zum Kochen bringen und bei schwacher Hitze gar quellen lassen. Den heißen Reis in eine ofenfeste Form umfüllen. Die Oberfläche glattstreichen, vier Vertiefungen eindrücken (am besten mit einem Ei) und in jede ein Ei hineinschlagen. Käse aufstreuen. Die Form in den vorgeheizten Ofen schieben und bei 200° C etwa 15 Minuten backen. Dazu frischen Kopf- oder Tomatensalat reichen. Ein spanischer Weißwein paßt gut dazu.

Mozzarella

Pizza alla Napoletana

Aus dem schlichten neapolitanischen Fladenbrot entwickelte sich in den letzten Jahrzehnten die weltweit verbreitete Pizza, für die es unzählige Varianten gibt. Original neapolitanisch ist sie nur mit Vesuvtomaten und Mozzarella-Käse, dem Brühkäse aus der Campagna.

Für den Teig: 350 g Mehl, 30 g Hefe, knapp 1/4 l Wasser, 1 Teelöffel Zucker, 2 Eßlöffel Olivenöl; für den Belag: 1 Knoblauchzehe, 400 g Tomaten, 2 Eßlöffel Olivenöl, Salz, Pfeffer, 1 Eßlöffel getrocknetes Basilikum, 1 Teelöffel getrockneter Oregano, 350 g Mozzarella, 50 g geriebener Parmesan, 3 Sardellenfilets; Olivenöl für das Backblech

Für den Teig das Mehl in eine Backschüssel geben, in der Mitte eine Vertiefung eindrücken, zerbröckelte Hefe mit etwas lauwarmem Wasser, Zucker und etwas Mehl zum Vorteig verrühren, 30 Minuten gehen lassen. Mit den übrigen Teigzutaten zu glattem Hefeteig schlagen bzw. mit den Knethaken kneten, den Teig zum Ballen formen und 40–60 Minuten gehen lassen. Ein geöltes Kuchenblech (oder 4 runde Portionsbleche) mit dem ausgerollten Teig belegen. Für den Belag Knoblauchzehe zerquetschen oder reiben, Tomaten überbrühen, abziehen und in Würfel schneiden, beides in 1 Eßlöffel heißem Olivenöl kurz andünsten, dabei mit Salz, Pfeffer, Basilikum und Oregano würzen, die Masse auf die Teigplatte streichen. Mozzarella-Scheiben darauflegen, Reibkäse aufstreuen, Sardellenfilets halbieren und auf dem Käse verteilen, das restliche Olivenöl aufträufeln. Die Pizza 20–30 Minuten im vorgeheizten Ofen bei 220–240° C backen und heiß zu kräftigem italienischem Rotwein servieren. Jeder frische Salat paßt dazu.

Mozzarella

Mozzarella in Carrozza

Original-Mozzarella wird aus Büffelmilch hergestellt. Leider gibt es nicht genug davon, die Nachfrage wächst auch im Ausland. So helfen sich die Italiener mit Kuhmilch oder einer Mischung aus beiden Milcharten. Guter Mozzarella duftet aromatisch und schmeckt mild. Er muß stets frisch verbraucht werden. Vermerke auf den Käsen bezeichnen die Form. Kugelförmiger Mozzarella heißt *Occhi di Bufalo* (Büffelaugen), eiförmiger dagegen *Uova di Bufalo* (Büffeleier). Das vorgeschlagene Rezept, Mozzarella „im Wagen", ist neben der Pizza das einzige, das speziell für den Mozzarella entwickelt wurde. Es verlangt besonders sorgfältige Arbeit.

Für die Käseschnitten: 8 Scheiben Toastbrot, 4 gleichgroße 1-cm-Scheiben Mozzarella, 2 Eier, Salz, 2 Eßlöffel Milch, 2 Eßlöffel Mehl; Öl zum Backen; für die Soße: 40 g Butter, 2 Anchovisfilets, 1 Eßlöffel Kapern, 1/2 Bund Petersilie, Saft einer halben Zitrone

Toastbrot entrinden, vier Schnitten mit Käsescheiben belegen, mit den vier übrigen zudekken. Ränder mit etwas Wasser anfeuchten und gut zusammendrücken, damit der Käse nicht auslaufen kann. Eier mit dem Schneebesen mit Salz und Milch verschlagen. Brotschnitten beiderseits durch die Eimasse ziehen, die in die Brote einziehen muß, und in Mehl wenden. Die Schnitten in der Pfanne in heißem Öl beiderseits goldgelb backen, auf Küchenkrepp abtropfen lassen und auf vorgewärmte Teller geben. Dazu Anchovissoße: Butter zerlassen, gehackte Anchovisfilets und Kapern und fein geschnittene Petersilie darin heiß werden lassen, Zitronensaft hineinrühren. Die Soße über die Käseschnitten gießen. Dazu kann man Kopfsalat in Kräutermarinade und einen italienischen Rotwein auftragen.

Münster

Dicke Bohnen mit Käsecreme

Die Urform des Münsterkäses heißt Munster und wurde erstmals im siebenten Jahrhundert in Frankreich von Mönchen zubereitet, die auf beiden Vogesenhängen wohnten. Er ist also im Elsaß und in Lothringen gleichermaßen zu Hause.

Aus dem ursprünglichen Herstellungsgebiet, dem Munstertal, ist der Käse längst auch in andere Länder ausgewandert, so in die Bundesrepublik, wo er in Rundlaibform sowohl in der Vollfettstufe (45% Fett i. Tr.) als auch in der Rahmstufe (50% Fett i. Tr.) hergestellt wird. Guter Münster riecht und schmeckt mild und fein, mit zunehmendem Alter werden die mit gelblichroter Schmiere bedeckten Käse immer pikanter. Die Käsemasse ist weich, geschmeidig und von weißlichgelber Farbe.

Am besten schmeckt er zum Wein. So schrieb Curnonsky, der französische „Prinz der Feinschmecker", über den Münster: „Wein und Käse sind Blut und Milch der Erde und vermitteln zusammen ein Bild ihrer Seele und ihres Charakters." Aber auch als Basis einer Käsesoße hat der Münster seine Qualitäten.

200 g Münsterkäse, 1/8 l trockener Weißwein, 1/8 l Sahne, 1 Eßlöffel Kümmel, 1/2 Bund Petersilie, 1 Paket tiefgefrorene dicke Bohnen, 4 Scheiben roher oder gekochter Schinken

Käse grob zerteilen, mit Wein und Sahne erhitzen und schmelzen. Kümmel und gehackte Petersilie dazugeben, die Soße warmstellen. Dikke Bohnen nach Vorschrift garen, in eine Schüssel geben und mit Käsesoße überziehen. Die Schinkenscheiben zusammenrollen und auf die Bohnen legen. Dazu passen Petersilienkartoffeln und ein Glas Bier. Abwandlung: Statt Schinkenrollen Bratwürste oder Frikadellen zu den Bohnen servieren.

Parmesan

Kalifornischer Cäsaren-Salat

„Oft kopiert – nie erreicht" kann man mit gutem Recht von diesem klassischen italienischen Hartkäse sagen. Der echte *Parmigiano Reggiano*, der Parma-Käse aus der Gegend der Stadt Parma in der Provinz Reggio nell'Emilia, hängt von vielen Faktoren ab, die es eben nur dort gibt: von der speziellen Milch, der Herstellungsmethode, dem Lagerungsverfahren, der Qualitätskontrolle. „Kein Eigenschaftswort könnte das Gefühl der warmen Würzigkeit, das ein Biß des schmackhaft duftenden *Parmigiano Reggiano* gibt, beschreiben", meinen die Leute von Parma selbst.

2 mittelgroße Köpfe Salat, 2 dicke Scheiben Kastenweißbrot, 3 Eßlöffel Öl, 1/2 Knoblauchzehe, 2 Eier, 1 Prise Salz, 1 Prise schwarzer Pfeffer, 5 Eßlöffel Olivenöl, 3 Eßlöffel Zitronensaft, 125 g geriebener Parmesan, 6 Anchovisfilets

Salat putzen, waschen, trockenschleudern und in ein trockenes Küchentuch gehüllt 2 Stunden in den Kühlschrank geben. Weißbrot würfeln, in der Pfanne in heißem Öl allseits goldbraun braten, dabei kurz vor der Fertigstellung den geriebenen Knoblauch dazugeben und die Brotwürfel gut durchschwenken. Die Würfel auf Küchenkrepp abtropfen und abkühlen lassen. Eier 10 Sekunden in kochendes Wasser tauchen. Salat mundgerecht zerteilen, in einer großen Salatschüssel mit einer Salatsoße aus Salz, Pfeffer, Öl und Zitronensaft vermengen, dann die Eier aufschlagen und untermischen, den Reibkäse und die geschnittenen Anchovis unterheben. Zuletzt die Brotwürfel darüberstreuen. Den Salat möglichst kühl servieren. Er eignet sich gut als Vorspeise oder als Begleitung eines Fleisch- oder Fischgerichts.

Parmesan

Makkaroni mit Vier-Käse-Creme

Zu Makkaroni und anderen Teigwaren paßt der Parmesan, den die Italiener über zahlreiche Gerichte von der Minestrone bis zu den Gnocchi streuen, schon deshalb ausgezeichnet, weil er die angenehme Eigenschaft hat, auch beim Heißwerden keine Fäden zu ziehen.

Die Leute von Parma sind stolz darauf, daß ihr Käse schon hundert Jahre vor Christi Geburt von römischen Schriftstellern erwähnt wird. In ihren Archiven steht aber auch verzeichnet, daß Boccaccio den Parmesan besonders schätzte, so daß er ihn in seinem Decamerone erwähnte, und daß Molière sich in hohem Alter hauptsächlich von Parmesan ernährte.

In unserem Rezept vereint sich der Parmesan mit drei anderen Käsesorten zu einer Soße, die als Vier-Käse-Creme eine gewisse Berühmtheit erlangt hat.

350 g Makkaroni, Salz; 60 g Butter, 20 g Mehl, 1/5 l Milch, 100 g Parmesan, je 50 g Provolone, Fontina und Gruyère; 50 g geriebener Parmesan, schwarzer Pfeffer aus der Mühle

Makkaroni brechen, in leicht gesalzenem Wasser bißfest garen. 30 g Butter mit Mehl anschwitzen, die Milch angießen, umrühren und 8 Minuten kräftig durchkochen. Den Topf von der Brennstelle nehmen, den geraffelten Käse hineingeben und bei schwächster Hitze schmelzen lassen. Makkaroni abtropfen lassen, in eine vorgewärmte Schüssel geben, mit der restlichen Butter und dem geriebenen Parmesan durchschwenken, kräftig mit schwarzem Pfeffer bestreuen. Die Nudeln mit der heißen Käsesoße überziehen und sofort zu Tisch geben. Dazu frischen Salat (Kopfsalat, Tomaten, Rettiche, Fenchel) reichen – und einen leichten Weißwein.

Parmesan

Auberginen Parma-Art

Wenn ein Gericht mit dem Zusatz „Parma-Art“ auf der Speisekarte steht, handelt es sich stets um eine parmesangewürzte Zubereitung. Das gilt auch für diesen Fall – der Parmesan sorgt dafür, daß die im Grunde etwas langweiligen Auberginen ihre pikante Würze erhalten. *Parmigiano Reggiano* wird übrigens nicht das ganze Jahr über hergestellt, sondern nur vom 1. April bis zum 11. November, das heißt, solange die Kühe gute Milch geben. Er lagert zwei bis drei Jahre und wird dann vom Consorzio Formaggio der Region klassifiziert. *„Scelto“* (auserlesen) ist die höchste Qualitätsstufe.

750 g Auberginen, Salz, 30 g Mehl, 3 Eier, Pfeffer, Olivenöl zum Braten;
1/2 l Tomatensoße (aus Fertigprodukt), 50 g Parmesan, 50 g Mozzarella (ersatzweise Emmentaler), 30 g Butter

Auberginen waschen, von Stengelansätzen befreien, in 1 cm dicke Scheiben schneiden, beiderseits salzen und 20 Minuten ziehen lassen, dann trockentupfen. Die Scheiben nacheinander in Mehl und mit Pfeffer verquirlten Eiern wenden, in der Pfanne in heißem Öl von beiden Seiten goldgelb braten, auf Küchenkrepp abtropfen lassen. Tomatensoße nach Vorschrift zubereiten, abschmecken. Die Hälfte der Soße in eine ofenfeste Form gießen, die Auberginen hineinschichten, jede Schicht mit geriebenem Parmesan und Mozzarella bestreuen. Restliche Tomatensoße darübergießen, mit dem restlichen Käse bestreuen und Butterflöckchen aufsetzen. Die Form in den vorgeheizten Ofen schieben und 25–30 Minuten bei 200°C überbacken, dabei mit Alufolie zudecken, die erst für die letzten 10 Minuten abgenommen wird. In der Form heiß zu Tisch geben. Dazu passen Kalbsschnitzel oder -braten, als Getränk ein italienischer Rotwein der leichteren Sorte.

Pyrenäenkäse

Schweinefleisch-Käse-Spießchen

Aus dem Schafkäse, den die Hirten in den Berghütten der Pyrenäen auf der französischen Seite des Gebirges einst herstellten, entwickelte sich ein Kuhmilchkäse, der bei uns als Pyrenäenkäse verkauft wird. Er ist im Laden schon an der braunen bis schwarzen Paraffinbeschichtung zu erkennen, eine Erinnerung daran, daß der frühere Schafkäse aus den Pyrenäen zur Festigung der Rinde mit glühenden Schieferplatten gebrannt wurde.

Pyrenäenkäse schmeckt leicht säuerlich, oft auch aromatisch-kräftig mit pikantem Nachgeschmack. Der meist gelbliche Teig hat viele Löcher von der Größe eines Stecknadelkopfes. Als Brotbelag schmeckt er ausgezeichnet, läßt sich aber auch zu Salaten und als Bestandteil von warmen Gerichten verwenden – unser Rezept gibt dafür ein interessantes Beispiel.

250 g Schweinefilet, 250 g Schweineleber, 200 g Pyrenäenkäse, 100 g durchwachsener Speck in hauchdünnen Scheiben, 3 Eßlöffel Olivenöl, 2 Teelöffel getrockneter Salbei, 2 Teelöffel Edelsüßpaprika, Salz, weißer Pfeffer

Schweinefilet und Leber vorbereiten, in talergroße Scheiben schneiden. Käse in Würfel oder Scheiben schneiden und in die Speckscheiben wickeln. Fleisch- und Leberstückchen und Käsepäckchen abwechselnd auf Spießchen stecken, mit Öl bestreichen, mit Salbei, Paprika, Salz und Pfeffer würzen. Unter dem vorgeheizten Grill 10–15 Minuten grillen, die Spieße dabei drehen. Mit Pommes frites oder Chips und frischem Salat servieren. Dazu paßt ein herzhafter Rotwein ebenso gut wie ein kräftiger französischer Weißwein.

Quark

Käsesahne-Torte mit Mandarinen

Käsetechnisch handelt es sich beim Quark um einen Frischkäse. Wie der Name sagt, sollte er frisch verbraucht werden – längere Lagerung verträgt er nicht.

Für den Teig: 250 g Mehl, 150 g Butter, 75 g Zucker, 1 Eigelb, 1 Messerspitze Salz, abgeriebene Schale einer halben Zitrone; Margarine für die Form; für die Füllung: 1/4 l Milch, 200 g Zucker, 1 Prise Salz, abgeriebene Schale einer Zitrone, 4 Eigelb, 500 g Sahnequark, 8 Blatt weiße Gelatine, 1/2 l Sahne, 2 Dosen Mandarin-Orangen, etwas Öl; Puderzucker

Teigzutaten zu einem glatten Mürbeteig verkneten, 60 Minuten im Kühlschrank ruhen lassen, dann zwei runde Platten (26 cm Durchmesser) ausrollen, auf ein gefettetes Backblech legen (bzw. in die Springform geben), im vorgeheizten Ofen 10–12 Minuten bei 220° C backen und auskühlen lassen. Für die Füllung Milch mit Zucker, Salz und Zitronenschale aufkochen, von der Brennstelle nehmen und die verquirlten Eigelb nach und nach hineinrühren, dann den durch ein Sieb gerührten Quark unterziehen und die Masse glattrühren. Gelatine in wenig kaltem Wasser einweichen, ausdrücken und bei schwächster Hitze auflösen, unter die Quarkcreme rühren. Sahne steif schlagen und unterziehen. Mandarinen abtropfen lassen. Einen Mürbeteigboden auf eine Tortenplatte legen und den leicht eingeölten Springformrand aufsetzen. 1/3 der Quarkcreme hineingeben, Mandarinen darauf verteilen. Die restliche Quarkcreme daraufgeben, glattstreichen und den zweiten Boden aufsetzen. 3 Stunden im Kühlschrank erstarren lassen, dann die Torte dick mit Puderzucker besieben.

Quark

Salzburger Zwetschgenknödel

In Österreich heißt er (wie in Bayern) Topfen, der Quark, und spielt in der Küche eine große Rolle, beispielsweise bei den berühmten Zwetschgenknödeln aus Topfenteig, deren Ursprung wohl eher an der Moldau zu suchen ist als an der Donau und über deren Rezept sich schon die hohen Herren stritten, die sich zu Beginn des 19. Jahrhunderts zum Wiener Kongreß zusammenfanden.

Quark wird heute teils aus gesäuerter, teils aus mit Labferment versetzter Milch hergestellt. Er kann in allen Fettgehaltsstufen auf den Markt kommen. Bevorzugt wird jedoch die Magerstufe (weniger als 10 % Fett i. Tr.). Deshalb pflegt man heute fast nur noch Magerquark herzustellen, den man anschließend durch Zusatz von Sahne auf die gewünschte Fettgehaltsstufe auffettet. Das kann man im Haushalt natürlich auch selbst machen.

500 g Sahnequark, 1 Prise Salz, 1 Eßlöffel Puderzucker, 2 Eier, 80 g Mehl (bei sehr feuchtem Quark etwas mehr), 50 g Butter, 250 g frische Zwetschgen, Würfelzucker, 40 g Butter, Zucker und Zimt

Quark durch ein Sieb streichen, mit Salz, Puderzucker, Eiern, Mehl und Butter zu einem glatten Teig verkneten, zugedeckt 1 Stunde im Kühlschrank ruhen lassen. Den Teig etwa 1/2 cm dick ausrollen, in Quadrate schneiden, jedes davon mit einer Zwetschge belegen, deren Stein durch ein Stück Würfelzucker ersetzt wurde. Den Teig über der Zwetschge zusammenschlagen und kleine Knödel formen, in leicht gesalzenem Wasser in 15–20 Minuten gar ziehen lassen. Die Knödel in eine vorgewärmte Schüssel geben, mit gebräunter Butter begießen und mit Zimtzucker bestreuen. Als Nachtisch servieren.

Quark

Russische Paßcha

Paßcha ist die russische Bezeichnung für Ostern, so heißt gleichzeitig aber auch die bekannteste Osterspeise aus dem alten Rußland, die auch im Baltikum weit verbreitet war. Eine Paßcha wird nicht gebacken. Die miteinander vermengten Zutaten kommen in ein Gefäß (in Rußland war es pyramidenförmig und aus Holz, heute behilft man sich mit einem neuen Blumentopf). Es wird so aufgestellt, daß möglichst viel Flüssigkeit abtropfen kann. Die fertige Paßcha ist eine Quarkspeise von so fester Beschaffenheit, daß man sie gut in Scheiben schneiden kann. Natürlich kam zu Ostern auch noch mancherlei anderes auf den Kaffeetisch. Die Paßcha war nur ein „Gebäck" unter anderen. Vor allem der Osterzopf aus Hefeteig durfte nicht fehlen.

500 g Speisequark, 50 g Rosinen, 100 g Butter, 125 g Zucker, 3 Eigelb, 1/4 l Sahne, 50 g gehackte Mandeln, 50 g Zitronat

Quark in ein Leinentuch geben, gut auspressen, über Nacht in ein Sieb legen (Teller darunter) und im Kühlschrank abtropfen lassen. Am nächsten Tag den Quark durch ein Sieb streichen. Rosinen überbrühen, abtropfen lassen und trockenreiben. Butter mit Zucker und Eigelb schaumig rühren, nach und nach Quark, Sahne, Rosinen, geriebene Mandeln und fein geschnittenes Zitronat einarbeiten. Einen neuen, gewaschenen Blumentopf mit einem Mulltuch auskleiden, die Quarkmasse hineingeben, glattstreichen und den Mull über dem Quark zusammenschlagen. Einen passenden Teller daraufgeben und mit einem Stein beschweren. Eine Schüssel unterstellen. Die Paßcha kühlgestellt 24 Stunden trocknen und abtropfen lassen, dann auf eine Platte stürzen. Als Nachspeise oder auch zur Kaffeetafel reichen.

Raclette

Walliser Raclette

Raclette bedeutet zweierlei: zum einen eine aus dem Schweizer Kanton Wallis stammende Zubereitungsart für Käse, zum zweiten eine Gruppe von Käsen, die dafür geeignet sind.
Die Walliser Raclettekäse sind schnittfeste Bergkäse unterschiedlicher Herkunft, beispielsweise Forclaz, Gomser, Illiez, Simplon und andere. Weil die einzelnen Sorten im Handel keine große Rolle spielen, wurde die neue Bezeichnung „Raclettekäse" erfunden, die auf den entsprechenden Laiben eingepreßt ist.
In der Originalfassung wird bei der Raclette-Zubereitung der angeschnittene Laib vor die Hitze eines Raclette-Ofens gehalten. Der Käse schmilzt dabei und wird mit dem Messer abgeschabt (französisch *racler* = abschaben). Zu dem geschmolzenen Käse gibt es saure und pikante Beilagen, Pellkartoffeln und Bauernbrot – und natürlich Wein aus dem Wallis.

1 kg Kartoffeln, Salz, Bauernbrot, Gewürzgurken, Perlzwiebeln, Mixed Pickles; 1 kg Raclettekäse

Kartoffeln in der Schale in leicht gesalzenem Wasser kochen, zum Selbstpellen anrichten. Dazu Bauernbrot reichen. Gewürzgurken, Perlzwiebeln und Mixed Pickles auf Schälchen verteilen. Den Raclette im Stück dicht vor eine kräftige Hitzequelle (Kaminfeuer, Garten- oder Elektrogrill) halten. Die geschmolzene Käsecreme mit einem großen Messer abstreifen und auf vorgewärmte Teller verteilen. Oder den Käse in 1/2 cm dicke Scheiben schneiden und im vorgeheizten Backofen oder unter dem Grill zerlaufen lassen. Dazu paßt ein Schweizer Dôle oder auch ein weißer Fendant am besten.

Raclette

Gomser Cholera

Raclettekäse kann man nicht nur für eine Walliser Raclette-Party verwenden, er eignet sich auch für eine Käseplatte sowie für alle Gerichte, in denen es auf gute Schmelzeigenschaften des Käses ankommt, beispielsweise Fondue. Die Gomser Cholera (woher der Name stammt, ist unbekannt) ist ein Kuchen aus geriebenem Teig mit einem Belag aus Kartoffeln, Äpfeln und Raclette.

Für den Teig: 250 g Mehl, 100 g Butter, 1 Prise Salz, 4 Eßlöffel Wasser, 4 Eßlöffel trockener Weißwein; für den Belag: 3 gekochte Kartoffeln, 2 kleine Zwiebeln, 25 g Butter, 200 g Raclettekäse, 2 kleine säuerliche Äpfel; für den Guß: 1/4 l Sahne, 1 Ei, Salz, frisch gemahlener weißer Pfeffer

Für den Teig das Mehl auf ein Backbrett geben, in der Mitte eine Vertiefung eindrücken und die geschnittene Butter hineingeben, mit dem Mehl verreiben. Salz aufstreuen, Wasser und Wein dazugeben und alles zu einem lockeren „geriebenen" Teig verarbeiten, der nicht geknetet werden soll. Den Teig 2 Stunden kühl ruhen lassen, dann ausrollen und ein gefettetes Backblech damit belegen. Für den Belag Kartoffeln abpellen und raffeln, Zwiebeln schälen und in Ringe schneiden, Käse in feine Scheibchen schneiden, Äpfel schälen, vom Kernhaus befreien und raffeln. Teig mit Kartoffeln und Zwiebeln belegen, dann Käse und Äpfel darauf verteilen. Den Kuchen 35–40 Minuten im vorgeheizten Ofen bei 220°C backen. Nach 25 Minuten Sahne mit Ei verquirlen, kräftig salzen und pfeffern, die Mischung über den Kuchen gießen und fertigbacken. Die Gomser Cholera zu einem Glas Schweizer Rot- oder Weißwein servieren.

Romadur

Alm-Vesper mit Romadur

Warum er so heißt, der kleinere Bruder des Limburger, ist ungeklärt. Die einen führen den Namen des Rotschmiere-Weichkäses auf das französische *remoudre* = erneut melken zurück, die anderen meinen, der Name sei vom Ramadon abzuleiten, einem fetten spanischen Schafkäse.

Romadur kommt in länglichen Stangen von 80 bis 180 Gramm in den Handel; seine Form hat ihm in Bayern den Namen Backsteinkas eingetragen. Er hat einen ausgeprägt kräftigen, pikanten Geschmack und eignet sich ausgezeichnet für eine Brotzeit mit Bier, weniger als Beigabe zu einer anspruchsvollen Käseplatte. Aber immerhin ist er milder als der Limburger.

Romadur gibt es in sechs Fettstufen von Halbfett (20 % Fett i. Tr.) bis Doppelrahm (maximal 85 % Fett i. Tr.). Die rote Schmiere an der Außenseite schabt man im allgemeinen vor dem Verspeisen ab.

500 g einfache Fleischwurst (Ring), 3 Zwiebeln, 2 Eßlöffel Öl, 4 Scheiben Bauernbrot, 2 Eßlöffel Senf, 2 Stangen Romadur (200 g), 1 Bund Petersilie

Fleischwurst unzerteilt in Wasser erhitzen. Zwiebeln schälen und in Ringe schneiden, in der Pfanne in heißem Öl goldbraun braten. Brotscheiben mit Senf bestreichen. Fleischwurst abziehen, der Länge nach halbieren und die Brote damit belegen. Die Rinde vom Romadur etwas abkratzen, den Käse in Scheiben schneiden. Jedes Wurstbrot schuppenartig mit 4–5 Käsescheiben belegen. Das Alm-Vesper im vorgeheizten Ofen bei 200°C überbakken, bis der Käse schmilzt (etwa 10 Minuten). Mit den Zwiebelringen und gehackter Petersilie garnieren. Dazu paßt ein frisches Bier am besten.

Roquefort

Roquefort-Käsekrapfen

Unbestritten ist der Roquefort der König unter den Edelpilzkäsen. Für seinen Geschmack und Charakter ist ein bestimmter Pilz, *Penicillium roqueforti* genannt, verantwortlich – nur er macht aus Schafmilch Roquefortkäse, und das auch nur in den Höhlen des Combalouberges in der Nähe des kleinen Cevennen-Ortes Roquefort, wo der Käse drei Monate lagern muß, bis er sich zur Verkaufsreife entwickelt hat.

Für den Teig: 1/4 l Wasser, 60 g Butter, 1 Prise Salz, 150 g Mehl, 3–4 Eier; etwas Fett und Mehl für das Backblech; für die Füllung: 200 g Butter, 150 g Roquefort, 1/8 l Sahne, 1/2 Päckchen Sahnefestiger

Wasser, Butter und Salz in einem Topf aufkochen, von der Brennstelle nehmen und das Mehl hineinrühren, bis sich ein glatter Kloß bildet. Den Topf wieder auf den Herd stellen und den Teig bei schwacher Hitze rühren, bis er sich vom Topf löst und sich am Topfboden ein weißer Belag bildet. Den Teig in eine Schüssel geben und die Eier Stück für Stück damit verrühren, bis er goldgelb glänzt und in langen Spitzen vom Löffel reißt (ggf. auf das 4. Ei verzichten). Das Backblech fetten und einmehlen. Den Teig mit dem Spritzbeutel (Sterntülle) walnußgroß auf das Blech spritzen, große Abstände einhalten. Die Krapfen im vorgeheizten Ofen 23 Minuten bei 220°C backen, aufschneiden und abkühlen lassen. Für die Füllung Butter schaumig rühren, den zerdrückten Käse dazugeben und glattrühren. Sahne mit Festiger steif schlagen, unter die Käsecreme ziehen. Die Creme mit dem Spritzbeutel in die Krapfen füllen. Käsekrapfen zum Wein oder als Bestandteil einer Käseplatte anrichten.

Roquefort

Grünkohlsuppe mit Roquefort

Wie es zur „Erfindung" des Roquefort gekommen ist, erzählt eine alte Legende. Vor ein paar Jahrhunderten (oder sogar Jahrtausenden) hielt ein Schäfer am Berge Combalou Rast. Er hatte kaum seine Brotzeit ausgepackt, bestehend aus Schwarzbrot und selbstgemachtem Schafkäse, da lenkte ihn die Begegnung mit einem schönen Mädchen ab. Er legte sein Käsebrot auf einen Felsvorsprung in einer Grotte des Berges – und vergaß es. Als er nach einigen Wochen wieder in diese Gegend kam, fand er den Käse auf seinem Brot merkwürdig verwandelt, durchzogen von blaugrünen Schimmelpilzen. Er kostete – und fand den „neuen" Käse köstlich. – So oder ähnlich könnte es gewesen sein. Heute kommen jährlich 16000 Tonnen Roquefort aus den Höhlen des Combalou – nur wenn der Käse hier gereift ist, darf er sich Roquefort nennen.

350 g Pökelfleisch, 750 g Grünkohl,
200 g Kartoffeln, scharzer Pfeffer,
200 g Roquefort

Pökelfleisch über Nacht wässern. Grünkohl halbieren, waschen, den weißen Teil des Strunks entfernen. Den Kohl einige Minuten in kochendem Wasser blanchieren und abtropfen lassen. Schweinefleisch mit Grünkohl und geschälten, gewürfelten Kartoffeln in einen großen Topf geben und Wasser angießen. Zum Kochen bringen und zugedeckt bei schwacher Hitze rund 90 Minuten garen. Pökelfleisch und Kohl herausnehmen und warmstellen, sie werden als Hauptgang gereicht. Die Brühe kräftig pfeffern, mit den Kartoffelwürfeln und einigen Kohlblättern servieren. Den Roquefort zerkrümeln und in einer kleinen Schüssel gesondert zur Selbstbedienung reichen – jeder würzt die Suppe nach seinem Geschmack.

Roquefort

Aveyron-Salat

Aveyron ist eine der Ortschaften im „Rayon", der französischen Roquefort-Landschaft. Nach ihr ist unser Salat benannt, der seinen originellen Geschmack von einer Roquefort-Soße bezieht.

Roquefort ist einer der nachweislich ältesten Käse der Welt. Schon Plinius der Ältere, der 79 n. Chr. beim Ausbruch des Vesuvs starb, erwähnt ihn in seiner Naturgeschichte. 1411 erließ Karl VI. das erste Gesetz, das den Namen des Edelpilzkäses und sein Herstellungsverfahren unter Schutz stellte. International bestätigt wurde dieser Schutz im Jahre 1951. Seither darf zwar jeder einen Edelpilzkäse herstellen, aber nicht Roquefort nennen.

Längst reichen die 800000 Schafe rings um Roquefort nicht mehr aus, um die nötige Milch für den Käse zu liefern. Seit einiger Zeit helfen Schafherden in den Pyrenäen und in Korsika aus. Aber reifen muß der Käse im Combalou.

60 g Roquefort, 1/4 l Sahne, 1 Teelöffel Zitronensaft, Salz, weißer Pfeffer, je 1 Eßlöffel gehackter Kerbel und Estragon, 1 großer Kopf Salat

Roquefort zerbröckeln, mit Sahne und Zitronensaft glattrühren, mit Salz und Pfeffer würzen und die Kräuter unterheben. Salat zerteilen, waschen und trockenschleudern, in ein Küchentuch gehüllt 60 Minuten in den Kühlschrank geben. Salatblätter mundgerecht zerpflücken, in einer Salatschüssel mit der Marinade vermengen, gut durchmischen und den Salat frisch servieren. Er paßt als Begleitsalat zu Fleischgerichten, schmeckt aber auch zu Streifen von Vollkornbrot als Vorspeise ausgezeichnet.

Sardo

Sardische Seadas

Seadas sind eine sardische Nachspeise, die man selbst zubereiten kann oder in Landgasthöfen genießt. An Ort und Stelle übergießt man die käsegefüllten kleinen Kuchen mit dem bittersüßen Honig, der aus den Blüten der Erdbeerbäume stammt.

Sardo ist die sardische Bezeichnung für einen Schafkäse (manchmal mit Kuh- oder Ziegenmilch-Beimengung hergestellt). Oft wird er in Anlehnung an den mittel- und süditalienischen Pecorino auch Pecorino Sardo genannt.

Sardo gibt es in verschiedenen Reifegraden – vom frischen und weichen Käse bis zum bröckeligen und festen. Zu Rotwein schmeckt er am besten. Seine Hauptrolle spielt er als Reibkäse und bei zahlreichen Käserezepten.

Für den Teig: 250 g Mehl, 1 Ei, 3 Eßlöffel saure Sahne, 1 Teelöffel Salz, 150 g Butter; für die Füllung: 200 g Sardo fresco (ersatzweise Pecorino oder Schafkäse), abgeriebene Schale von einer Zitrone; Backfett oder -öl; für den Überzug: 6 Eßlöffel Honig (am besten bitterer sardischer Honig)

Für den Teig das Mehl in eine Backschüssel geben, in der Mitte eine Vertiefung eindrücken, Ei, Sahne und Salz hineingeben und mit etwas Mehl zu Brei verrühren. Zerpflücktes Fett darauf verteilen, alles zu einem glatten Teig verkneten, 40 Minuten im Kühlschrank ruhen lassen. Den Teig dünn ausrollen und 15-cm-Scheiben ausstechen. Für die Füllung den Käse fein reiben und mit Zitronenschale würzen. Auf jede Teigscheibe etwas Füllung geben, halbmondförmig zusammenklappen und die Ränder fest andrücken. Die Seadas in heißem Fett oder Öl schwimmend goldgelb backen, auf Küchenkrepp abtropfen lassen, dann auf vorgewärmte Teller geben. Den Honig im Wasserbad erhitzen und über die Seadas gießen.

Sbrinz

Überbackene Zwiebelsuppe

Die Schweizer schreiben „Sbrinz“ und sprechen „Schbrins“. Sie meinen damit einen besonders harten Reib- und Hobelkäse, der vor allem in den Kantonen Luzern, Unterwalden, Schwyz und Uri hergestellt wird – und das schon ziemlich lange, wahrscheinlich schon seit Christi Geburt. Wie der Parmesan muß auch der Sbrinz zwei bis drei Jahre reifen und trocknen, bis er die richtige Konsistenz erreicht hat. Die überbackene Zwiebelsuppe, für die der Sbrinz hier vorgeschlagen wird, stammt aus Paris und ist dort als „Soupe à l'Oignon“ bekannt. Einst war sie die Lieblingssuppe der Paris-Bummler, die sich bei den (inzwischen abgerissenen) Hallen an ihr labten, am besten morgens zwischen drei und vier Uhr.

400 g Zwiebeln, 20 g Butter, 2 Teelöffel Mehl, 1 l gewürzte Fleischbrühe, 2 Gläser trockener Weißwein, 1 Prise geriebene Muskatnuß, Salz, 4 Scheiben Stangenweißbrot, 20 g Butter, 2 Knoblauchzehen, 125 g Sbrinz

Zwiebeln schälen, in dünne Scheiben und diese in Streifen schneiden, in heißer Butter goldgelb rösten. Mehl überstäuben, Brühe und Wein angießen, die Suppe zum Kochen bringen und bei schwacher Hitze etwa 25 Minuten zugedeckt kochen, dann mit Muskat und Salz abschmecken. Weißbrotscheiben in heißer Butter beiderseits goldbraun rösten, mit ausgepreßtem Knoblauchsaft beträufeln. Die Suppe auf Suppentassen verteilen, je eine Brotscheibe daraufgeben und dick mit geriebenem Sbrinz bestreuen. Die Zwiebelsuppe etwa 5 Minuten im vorgeheizten Ofen bei 220°C überbacken, bis der Käse cremig zerläuft. Als Vorsuppe oder auch als Mitternachtsimbiß reichen – im zweiten Fall von einem Glas Pils begleitet.

Schmelzkäse

Bostoner Käsecreme-Zwiebeln

Um 1911 kamen in der Schweizer Stadt Thun zwei Käsebereiter auf die Idee, Käse im Vakuum und unter Zusatz von Schmelzsalzen zu schmelzen. Der wieder erstarrte Käse war von gleichmäßiger Konsistenz, er ließ sich je nach Rezept streichen oder schneiden, und die Hausfrauen waren von dem praktischen Standard-Produkt begeistert. Seither wird in vielen Ländern in großem Umfang Schmelzkäse hergestellt. Es gibt dabei unterschiedliche Mischungen aus Weich-, Schnitt- und Hartkäsen, verbraucherfreundlich verpackt und (bei Käsezubereitungen) mit Zusätzen (z. B. Pilze, Gewürze, Schinken) versehen.

500 g kleine, gleichmäßige Zwiebeln, 1 1/2 l Wasser, 2 Teelöffel Salz, 1 Lorbeerblatt, 2 Gewürznelken; für die Käsecreme: 1/4 l Milch, 250 g Schmelzkäsezubereitung, 1 Prise frisch gemahlener weißer Pfeffer; für die Beilage: 4 Scheiben hauchdünn geschnittener Frühstücksspeck

Zwiebeln schälen. Wasser mit Salz, Lorbeerblatt und Gewürznelken aufkochen, die Zwiebeln hineingeben und 10–15 Minuten weich, aber bißfest kochen – sie dürfen nicht zerfallen. Für die Käsecreme Milch erhitzen, die in Flöckchen zerteilte Schmelzkäsezubereitung hineingeben und bei schwacher Hitze unter Rühren cremig schmelzen lassen, mit frisch gemahlenem Pfeffer würzen. Den Frühstücksspeck in der Pfanne knusprig braten. Zwiebeln abgießen und in eine vorgewärmte Schüssel geben, mit Käsecreme überziehen und locker durchmischen. Mit gebratenem Frühstücksspeck belegen. Dazu kann man Frikadellen oder unpanierte Kalbsschnitzel reichen. Ein Glas Bier oder herzhafter Weißwein paßt gut dazu.

Stilton

Lachs mit Stilton-Mayonnaise

Stilton ist ein englischer Blauschimmelkäse. Feinschmecker bevorzugen ihn pur zum Dessert oder einer Zwischenmahlzeit, vielleicht in Begleitung von Portwein oder Burgunder. Der charaktervolle Käse verträgt keine Konkurrenz, behaupten die Engländer. Deshalb habe er auf einer Käseplatte nichts zu suchen. Wer sich einmal am unvergleichlichen Aroma und dem pikanten Geschmack eines Stilton gelabt hat, wird ihnen rechtgeben. In Stilton wurde der Käse nicht erfunden (sondern in Woldenham), dort kam er nur (um 1690) ins große Gespräch.

4 Scheiben frischer Lachs (etwa 800 g), 1/2 Zitrone, 1 Zwiebel, 1/2 Päckchen Fischgewürz; für die Mayonnaise: 35 g Stilton (ersatzweise Roquefort oder Gorgonzola), 200 g Mayonnaise, 1 Anchovisfilet, 1 kleine Gewürzgurke, 2 Teelöffel Kapern, 1/2 Eßlöffel gehackte Petersilie, 1 Teelöffel Zitronensaft, 4 Eßlöffel Sahne; für die Garnitur: 1/2 Bund Petersilie, 2 Tomaten, 2 Gewürzgurken

Lachsscheiben mit Zitronen- und Zwiebelscheiben und Fischgewürz in einen Topf geben und so viel Wasser angießen, daß der Fisch knapp bedeckt ist. Zum Kochen bringen und bei schwacher Hitze den Fisch in knapp 20 Minuten garen, im Sud auskühlen lassen, dann auf eine große Platte geben und in den Kühlschrank stellen. Für die Mayonnaise den Käse reiben oder zerkrümeln, mit der Mayonnaise glattrühren, gewiegtes Anchovisfilet, fein gewürfelte Gewürzgurke, abgetropfte Kapern, Petersilie, Zitronensaft und Sahne dazugeben und hineinrühren, die Soße abschmecken. Lachsscheiben mit der Soße überzogen anrichten, mit Petersiliensträußchen, Tomatennachteln und Gurken garnieren. Dazu ein würziger Weißwein.

Tilsiter

Masurischer Käsekuchen

Wenn man sich unter den Schnittkäsen nach einer deutschen „Erfindung“ umsieht, stößt man vor allem auf den Tilsiter, der aus Ostpreußen stammt. Der kräftige und pikante Käse mit der reiskorngroßen Lochung wird heute in vielen Ländern produziert. Im allgemeinen kommt Tilsiter schon nach kurzer Reifezeit in den Handel (vier bis sechs Wochen). Er paßt auf den Eßtisch und die Käseplatte, verfeinert Salate und würzt auch diesen Käsekuchen.

Für den Teig: 300 g Mehl, 30 g Hefe, 1 Prise Zucker, 1/8 l lauwarme Milch, 1 Ei, Salz, 30 g Butter; etwas Fett für die Backform; für die Füllung: 150 g durchwachsener Speck, 250 g Zwiebeln, 30 g Butter, 200 g Tilsiter

Für den Teig Mehl in eine Backschüssel geben, in der Mitte eine Vertiefung eindrücken, die zerbröckelte Hefe mit Zucker und etwas lauwarmer Milch hineingeben und mit wenig Mehl zu einem flüssigen Vorteig verrühren, 30 Minuten gehen lassen. Dann nach und nach die übrigen Teigzutaten dazugeben, kräftig durchschlagen (bzw. mit den Knethaken des Rührgeräts durcharbeiten), zum Ballen formen und 40–60 Minuten gehen lassen. Eine Springform (24 cm) fetten, Boden und Rand mit ausgerolltem Teig belegen. Für die Füllung den Speck würfeln, Zwiebeln schälen, in dünne Scheiben schneiden, in heißer Butter goldgelb dünsten. Abwechselnd Speck, Zwiebeln und Käse in die Form geben, den Käse dazu in dünne Scheiben hobeln oder schneiden. Mit einer Käseschicht abschließen. Den Käsekuchen im vorgeheizten Ofen 40 Minuten bei 220°C backen, heiß aus der Form nehmen, in Tortenstücke schneiden und zu einem leichten Rotwein oder trockenen Weißwein servieren.

1977
ENTRE-DEUX

Trappistenkäse

Nudel-Polonaise mit Mohrrüben

Wie so manche Käsesorte hat auch diese ihren Ursprung in Frankreich. Sie wurde zu Beginn des 19. Jahrhunderts erstmals in Trappistenklöstern zubereitet, vor allem im Kloster Notre-Dame de Port du Salut im Département Maine. Der mit dem Tilsiter verwandte deutsche Trappistenkäse ist milder als das große Vorbild. Der schnittfeste, buttergelbe Teig ist kräftig gelocht, meist rund oder schlitzförmig. Für Form, Größe und Fettgehalt gibt es keine Vorschriften. Im allgemeinen wird Trappistenkäse in der Dreiviertelfettstufe (30 % Fett i. Tr.) hergestellt. Er kommt in Scheiben oder Würfeln auf den Eßtisch, in der warmen Küche paßt er zu Gerichten, die eine milde Würze verlangen.

300 g Mohrrüben, Salz, Zucker, 1 Teelöffel Essig, Pfeffer, 400 g beliebige Nudeln, 2 hartgekochte Eier, 150 g roher Schinken, 1 Bund Petersilie, 200 g Trappistenkäse, 30 g Butter

Mohrrüben schrappen oder schälen, waschen und in feine Würfel schneiden, in wenig leicht gesalzenem Wasser mit Zucker und Essig in 8–10 Minuten garen, abtropfen lassen und pfeffern. Nudeln in reichlich Salzwasser in 12–15 Minuten bißfest garen. Eier schälen und in Scheiben schneiden. Schinken fein würfeln und mit der gewaschenen und gehackten Petersilie mischen. Trappistenkäse mit dem Käsehobel hobeln oder in dünne Scheiben schneiden. Nudeln abtropfen lassen. Mohrrüben, Nudeln, Schinken, Eier und Käse schichtweise abwechselnd bergartig auf einer vorgewärmten Platte anordnen, mit heißer Butter übergießen. Dazu paßt Kopfsalat mit Tomaten und Rettichen in Kräutermarinade, als Getränk ein Glas Bier oder ein leichter, trockener Weißwein.

Vacherin

Freiburger Ramequin

Vacherin kommt aus der Schweiz, vor allem aus dem Jura-Gebiet. Im Mittelalter wurde jeder Kuhkäse Vacherin genannt (*la vache* = die Kuh). Heute gilt das nicht mehr, aber es gibt durchaus unterschiedliche Vacherin-Sorten, je nach Herstellungsort und -methode – so den Vacherin Mont d'Or oder den Freiburger Vacherin à fondue. Da Vacherin außerdem auch noch in unterschiedlichen Altersstufen verkauft wird, gehört Kennerschaft dazu, für jeden Zweck das richtige Stück auszuwählen.

Für unser Ramequin, eine Art Auflauf aus Brot und Käse, sollten Sie einen Vacherin à fondue nehmen, wie er in der Freiburger Gegend hergestellt wird. Die gleiche Käsesorte eignet sich auch für eine Fondue nach Freiburger Art – aber bitte nicht von einem Laib geschnitten, sondern von verschiedenen Laiben unterschiedlichen Alters.

20 g Butter für die Form; 8 Scheiben Kastenweißbrot, 8 gleichgroße etwa 1/2 cm dicke Scheiben Vacherin à fondue (ersatzweise Gruyère), 3 Eier, 1/4 l Milch, 1/8 l Sahne, 1 Teelöffel Salz, 1 Prise Pfeffer, 1/2 Teelöffel Edelsüßpaprika, 1 Prise geriebene Muskatnuß; 20 g Butter

Eine Auflaufform buttern, Brot- und Käsescheiben abwechselnd schuppenartig hineinschichten. Eier mit Milch und Sahne verrühren, mit Salz, Pfeffer, Paprika und Muskat würzen. Die Eiermilch über Brot und Käse gießen. Butterflöckchen aufsetzen, das Ramequin 20–25 Minuten im vorgeheizten Ofen bei 200° C backen, bis sich die Oberfläche goldbraun färbt und der Käse geschmolzen ist. Mit Kopf-, Endivien- oder Chicoréesalat servieren. Ein Schweizer Weißwein paßt ausgezeichnet dazu.

Wilstermarsch

Schimmelreitertoast

Er gilt als der beste Käse aus Schleswig-Holstein. Einst wurde er, nur auf Bestellung, von den Bauern der Wilstermarsch im westlichen Holstein hergestellt – daher der Name.
Wilstermarsch hat eine glatte, blaßgelbe Haut und einen blaßgelben bis weißlichgelben Teig mit gleichmäßiger, feinporiger Lochung. Er schmeckt herb und leicht säuerlich. Vollfetter Wilstermarsch (45 % Fett i. Tr.) und Wilstermarsch der Rahmstufe (50 % Fett i. Tr.) sind die beiden einzigen Sorten. Eine entfernte Verwandtschaft mit dem Tilsiter ist nicht abzuleugnen.
Wilstermarsch schmeckt als Brotbelag und eignet sich für Partyhappen. Das Überbacken verträgt er gut – deshalb hier ein Rezept für einen Toast mit Krabben und Käse. Er sollte frisch aus dem Ofen auf den Tisch kommen.

40 g Butter, 2 kleine Zwiebeln, 4 Tomaten, 200 g Nordseegarnelen (Krabben), Salz, Pfeffer, 5 Eßlöffel Sahne, 4 Scheiben Kastenweißbrot, 4 Salatblätter, 4 dicke Scheiben Wilstermarsch (ersatzweise Gouda)

Butter in der Pfanne erhitzen. Zwiebeln in Ringen und Tomaten in Scheiben darin andünsten, Garnelen dazugeben, mit Salz und Pfeffer würzen, die Sahne angießen und unter Umrühren etwas einkochen. Weißbrotscheiben toasten, die Tomaten-Zwiebel-Mischung darauf verteilen. Salatblätter waschen, abtropfen lassen, in feine Streifen schneiden und auf die Mischung legen, mit je einer Käsescheibe abdekken. Im vorgeheizten Ofen bei 220° C überbakken, bis der Käse cremig zerläuft (etwa 10–12 Minuten). Mit frischem Salat als Imbiß oder zum Abendessen reichen. Dazu paßt ein Glas Bier am besten.

KERNOBST
NNTWEIN
40%

Kleines Lexikon der Käsesorten

* geschützte Handelsmarken

Bezeichnung Gattung	Herkunfts- länder	Milchart Fett i. Tr.	Handelsform Gewicht	Teigbeschaffenheit Geschmack
Appenzeller Hartkäse	Schweiz	Kuh 50 %	Mühlstein 6–8 kg	elfenbeinfarbig-hell, wenige kleine Löcher; würzig-kräftig
Bavaria blu * Halbfester Schnittkäse (Edelpilzkäse)	Deutschland	Kuh 70 %	Torte ca. 1 kg	rahmgelb, blaue Edelpilzadern; sahnig-mildwürzig
Bel Paese * (Italico-Typ) Halbfester Schnittkäse	Italien	Kuh 48–50 %	Laib ca. 2 kg	elfenbeinfarbig bis gelblich; mild, leicht säuerlich
Bergkäse Hartkäse	Deutschland Alpenländer	Kuh 45–50 %	Laib bis 50 kg	weiß bis mattgelb, wenige Löcher; aromatisch, leicht säuerlich
Bleu de Bresse Halbfester Schnittkäse (Edelpilzkäse)	Frankreich	Kuh 50 %	Zylinder bis 500 g	cremig, blaue Edelpilzadern; würzig-pikant
Brie Weichkäse mit Außenschimmel	Frankreich Deutschland	Kuh 45, 50, 60 %	Torte bis 3 kg	weiß bis rahmgelb; aromatisch-mild, champignonähnlich
Brinza (Telemea) Lake-Weichkäse	Rumänien, andere Balkanländer	Schaf 42 %	Quader ca. 1 kg	weiß bis hellgelb; pikant, säuerlich-salzig
Butterkäse Halbfester Schnittkäse	Deutschland	Kuh 45, 50, 60 %	Laib bis 1,5 kg	butterfarben, ohne Löcher; mild bis feinsäuerlich
Caciocavallo (Filata-Typ) Hartkäse (Brühkäse)	Italien	Kuh 44 %	Kugeln, Birnen bis 6 kg	elfenbeinfarbig bis gelblich; mild bis pikant oder auch scharf
Caerphilly Weichkäse (Frischkäse)	Großbritannien	Kuh 48 %	Flachzylinder 3,6 kg	schneeweiß, oft krümelig; mild-säuerlich, buttermilchähnlich
Camembert Weichkäse mit Außenschimmel	Frankreich Deutschland	Kuh 30, 40, 45, 50, 60 %	Flachzylinder bis 330 g	weiß bis rahmgelb, mild-aromatisch bis scharf-pikant (je nach Alter)
Cantal Hartkäse	Frankreich	Kuh 45–50 %	Zylinder bis 45 kg	blaßgelb; haselnußartig, wenig ausgeprägt, im Alter pikanter
Cheddar (auch: Chester) Hartkäse	Großbritannien Deutschland	Kuh 45–50 %	Zylinder, Block bis 27 kg	cremig bis rötlich (gefärbt); nußartig, säuerlich bis pikant
Cheshire (auch: Chester) Hartkäse	Großbritannien	Kuh 45–50 %	Zylinder, Block bis 22 kg	hellgelb bis orangefarben, schwach säuerlich bis pikant; blauer Cheshire mit Innenschimmel
Chester (in Deutsch- land hergestellter Cheddar) Hartkäse	Deutschland	Kuh 45, 50 % (für Schmelzkäse auch weniger)	Zylinder, Block bis 30 kg, Faß bis 200 kg	wie Cheddar
Comté Hartkäse	Frankreich	Kuh 45 %	Mühlstein bis 50 kg	hellgelb bis dunkelgelb; mild-würzig bis (im Alter) pikant
Cottage Cheese Gekörnter Frischkäse (Hüttenkäse*, Jocca *)	USA Deutschland	Kuh 10–20 %	abgepackt in Portionsbehältern	weiß, körnig-krümelig; mild-säuerlich
Coulommiers Weichkäse mit Außenschimmel	Frankreich	Kuh 45–50 %	Torte ca. 500 g	cremig-blaßgelb; mild bis pikant (ähnlich wie Brie)
Danablu Halbfester Schnittkäse (Edelpilzkäse)	Dänemark	Kuh 50 %	Zylinder bis 3 kg	cremefarben, blaugrüne Edelpilzadern; scharf-pikant und rein
Danbo Fester Schnittkäse	Dänemark	Kuh 30–45 %	Block 6 kg	cremefarben bis hellgelb, kleine Löcher; mild-aromatisch, frisch
Double Gloucester Hartkäse	Großbritannien	Kuh 45 %	Zylinder 28 kg	strohgelb-butterfarben, keine Löcher; mild, voll, fruchtig
Edamer Fester Schnittkäse	Niederlande Deutschland	Kuh 30, 40, 45, 50 %	Laib bis 20 kg Kugeln bis 2 kg	elfenbeinfarben bis goldgelb, wenige kleine Löcher; mild, leicht süßlich

Bezeichnung Gattung	Herkunfts-länder	Milchart Fett i. Tr.	Handelsform Gewicht	Teigbeschaffenheit Geschmack
Edelpilzkäse Halbfester Schnittkäse mit Innenschimmel	Deutschland	Kuh 45, 50, 60 %	Rundform, Trommel bis 5 kg	weiß bis gelblich, dunkelgrüne bis blaue Edelpilzadern; pikant bis kräftig pikant
Emmentaler („Schweizer Käse") Hartkäse	Schweiz Deutschland (Allgäuer Emmentaler)	Kuh 45 %	Mühlstein bis 130 kg	mattgelb, regelmäßig verteilte kirschkern-große Löcher; aromatisch-mild und nußartig, nach Reife kräftiger
Esrom Halbfester Schnittkäse	Dänemark	Kuh 45 %	Block bis 1,5 kg	gelblichweiß, reiskorngroße Löcher; süßlich-mild bis pikant-kräftig
Feta Lake-Weichkäse	Griechenland Jugoslawien	Schaf, Ziege, auch Kuh 45–60 %	Rechteck ca. 1 kg	cremig-weiß (Kuhmilch-Feta: gelblich); säuerlich-salzig bis scharf
Fontina Fester Schnittkäse	Italien	Kuh 45 %	Flachzylinder bis 18 kg	cremefarben bis strohgelb, wenige kleine Löcher; aromatisch-würzig, süßlich
Frischkäse Weichkäse	Deutschland	Kuh 8 Stufen (10 bis 60 %)	meist Fertig-packungen, 50 oder 62,5 g	milchig-weiß bis schwachgelb; frisch, feinsäuerlich
Fynbo Fester Schnittkäse	Dänemark	Kuh 45 %	Laib bis 7 kg	cremefarben bis strohgelb, wenig kleine Löcher; mild-aromatisch
Geheimratskäse Fester Schnittkäse	Deutschland	Kuh 45 %	Kugel 500 g	cremefarben bis goldgelb; leicht süßlich, mild (ähnlich wie Edamer)
Gorgonzola Halbfester Schnittkäse (Edelpilzkäse)	Italien	Kuh 48 %	Zylinder bis 12 kg	cremefarben, blauviolette Edelpilzadern; ausgeprägt würzig bis pikant
Gouda Fester Schnittkäse	Niederlande Deutschland (Deutscher Gouda)	Kuh 30, 40, 45, 50 %	Laib, Block bis 20 kg	elfenbeinfarben bis buttergelb, wenige erbsengroße Löcher; je nach Alter mild bis leicht pikant, nicht säuerlich
Gruyère (Greyerzer) Hartkäse	Schweiz Frankreich	Kuh 45 %	Flachzylinder bis 45 kg	elfenbeinfarben bis gelblich, mittelgroße Löcher; würzig-kräftig
Harzer Sauermilchkäse mit Außenschimmel oder Rotkultur	Deutschland	Kuh bis 10 %	Laib, Stange bis ca. 40 g	Weißschimmel oder Rotschmiere, je nach Reife innen weißlich bis gelb; leicht bis sehr pikant, Kümmelwürze
Havarti Fester Schnittkäse („Dänischer Tilsiter")	Dänemark	Kuh 30, 45, 60 %	Zylinder, Brotform, Würfel bis 14 kg	elfenbeinfarben bis hellgelb, viele kleine Löcher; würzig, pikant, leicht säuerlich
Hervé Weichkäse	Belgien	Kuh 46–63 %	Würfel, Stange bis 400 g	hellgelb (wie Limburger); sehr pikant bis kräftig, leicht salzig
Kochkäse Schmelzkäse (Sauermilchkäse)	Deutschland	Kuh 8 Stufen (10 bis 60 %)	Fertigpackungen bis 250 g	gelblich bis gelbbräunlich, glasig; je nach Zusätzen mild bis pikant
Limburger Weichkäse mit Außenschmiere (Rotkultur)	Deutschland	Kuh 20, 30, 40, 45, 50 %	Stangen, Blöcke bis 1 kg	weiß bis hellgelb, wenig Löcher; würzig bis pikant (je nach Reifezustand)
Livarot* Weichkäse mit Außenschmiere (Rotkultur)	Frankreich	Kuh 40 %	Zylinder bis 500 g	cremig bis goldgelb, keine Löcher; aromatisch-kräftig bis sehr pikant
Mainzer (Handkäs) Sauermilchkäse mit Außenschimmel oder Rotkultur	Deutschland	Kuh bis 10 %	Laib, Stange bis ca. 40 g	außen goldgelb bis rötlichbraun, innen gelblich; mild-aromatisch bis leicht pikant, Kümmelwürze
Manchego Hartkäse	Spanien	Schaf 50–62 %	Flachzylinder bis 3 kg	weiß bis rahmgelb, wenige kleine Löcher; leicht säuerlich, aromatisch
Mozzarella (Filata-Typ) Frischkäse (Brühkäse)	Italien	Büffel, Kuh 44 %	Kugel, Ei bis 1 kg	weiß-cremig, glatt; aromatisch, zart, süßsauer
Münster Weichkäse mit Außenschmiere (Rotkultur)	Frankreich Deutschland	Kuh 45, 50 %	Rundlaib bis 500 g	weißgelb mit gelblichroter Haut; mild und fein, im Reifezustand pikant (nach dem Vorbild des franz. Munster)

Bezeichnung Gattung	Herkunfts- länder	Milchart Fett i. Tr.	Handelsform Gewicht	Teigbeschaffenheit Geschmack
Parmesan (Parmigiano Reggiano*) Hartkäse (Reibkäse)	Italien	Kuh 32 %	Zylinder bis 30 kg	strohgelb bis cremig, körnig; leicht scharf bis (je nach Alter) pikant
Pecorino Hartkäse	Italien	Schaf, Kuh 36–45 %	Zylinder bis 22 kg	cremig bis gelb und dunkelgelb; mild und würzig bis pikant (je nach Alter)
Pont-l'Evéque* Weichkäse	Frankreich	Kuh 45–50 %	Block bis 400 g	kräftig gelb, wenige Löcher; würzig bis pikant, mit Erdgeschmack
Port-du-Salut (Port-Salut) Halbfester Schnittkäse	Frankreich	Kuh 40–50 %	Zylinder bis 2 kg	elfenbeinfarben bis blaßgelb; sehr mild, schwach aromatisch
Provolone (Filata-Typ) Hartkäse (Brühkäse)	Italien	Kuh 44 %	Kugel, Birne, Zylinder u. a. bis 100 kg	elfenbeinfarben bis gelborange; je nach Alter mild, pikant oder auch scharf
Pyrenäenkäse Fester Schnittkäse	Frankreich	Kuh (früher Schaf) 45 %	Zylinder bis 4 kg	leicht gelblich, viele kleine Löcher; leicht säuerlich bis kräftig aromatisch, pikanter Nachgeschmack
Quark (Speisequark) Frischkäse	Deutschland	Kuh 10, 20, 40 %	Fertigpackungen 250–500 g	milchigweiß bis rahmgelb (je nach Fettgehalt); frisch milchsauer
Raclette (Walliser Raclette) Fester Schnittkäse	Schweiz	Kuh 45 %	Laib bis 7,5 kg	gelblich, keine oder nur kleine Lochung; würzig-pikant, nach Alterung schärfer (viele lokale Sortenbezeichnungen)
Reblochon* Halbfester Schnittkäse	Frankreich	Kuh 45 %	Flachzylinder bis 1,8 kg	blaßgelb; mild-sahnig bis würzig-nußartig
Ricotta Frischkäse (Molkenkäse)	Italien	Molke von Kuh oder Schaf 20–30 %	Flachzylinder bis 1,5 kg	milchweiß bis leicht gelblich; frisch-säuerlich (viele Varianten, Nebenprodukte der Pecorino-Erzeugung)
Romadur Weichkäse mit Außenschmiere (Rotkultur)	Deutschland	Kuh 20, 30, 40, 45, 50, 60 %	Block bis 180 g	weiß bis hellgelb, wenige kleine Löcher; milder als Limburger, leicht pikant
Roquefort* Halbfester Schnittkäse (Edelpilzkäse)	Frankreich	Schaf 55 %	Laib ca. 2,5 kg	cremig mit grüngrauen bis blauen Edelpilzadern; würzig bis kräftig, nach Schafmilch
Saint-Maure Weichkäse	Frankreich	Ziege 45 %	Rolle, Pyramide ca. 300 g	cremig bis gelblich; mild, nach Ziegenmilch
Saint-Paulin Halbfester Schnittkäse	Frankreich	Kuh 50 %	Flachzylinder bis 2 kg	cremig bis strohgelb; zart und mild
Sardo (Pecorino Sardo) Hartkäse	Italien (Sardinien)	Schaf, Kuh 45 %	Mühlstein bis 6 kg	weiß-cremig bis gelblich; haselnußartig bis pikant (je nach Alter)
Sbrinz Hartkäse (Reibkäse)	Schweiz	Kuh 45 %	Flachzylinder bis 45 kg	gelblich bis hellbraun, wenige winzige Löcher; kräftig würzig, aromatisch
Schabziger (Schabzieger) Hartkäse (Kräuterkäse)	Schweiz	Kuh, auch Molke; 3 %	konische „Stöckli" bis 500 g	grüngrau; pikant und würzig
Schichtkäse Frischkäse	Deutschland	Kuh ab 10 %	Fertigpackungen 250 und 500 g	milchigweiß bis rahmgelb (je nach Fettgehalt), mehrere Schichten; milchsauer
Schmelzkäse Streich- oder Schnittkäse	Deutschland	Kuh unterschiedlich	Wurst, Scheiben, Ecken	durch Erhitzen von Naturkäsen hergestellt, streich- oder schnittfähig, auch mit Zusätzen (Schmelzkäse-Zubereitungen)
Steinbuscher Halbfester Schnittkäse	Deutschland	Kuh 30, 45, 50 %	Block 250 und 700 g	strohgelb, wenig Löcher; mild, mit zunehmender Reife würzig-pikant
Stilton (Blauer Stilton) Halbfester Schnittkäse (Edelpilzkäse)	Großbritannien	Kuh 55 %	Zylinder 4,5 kg	cremig mit blauviolett-grünen Edelpilzadern; mild und voll, pikantes Bukett
Taleggio Halbfester Schnittkäse	Italien	Kuh 48 %	Block bis 2,2 kg	hellgelb bis strohgelb; butterartig bis fruchtig-kräftig (je nach Alter)
Tilsiter Fester Schnittkäse	Deutschland Schweiz	Kuh 30, 40, 45, 50, 60 %	Laib, Brot bis 5 kg	elfenbeinfarben bis hellgelb, viele kleine Löcher; leicht herb bis pikant, etwas säuerlich, jedoch nicht sauer
Trappistenkäse Fester Schnittkäse	Deutschland	Kuh meist 30 %	Laib, Stange bis 2,7 kg	buttergelb, schlitzförmige Lochung; angenehm mild (ähnlich dem Tilsiter)

Bezeichnung Gattung	Herkunfts- länder	Milchart Fett i. Tr.	Handelsform Gewicht	Teigbeschaffenheit Geschmack
Vacherin à fondue Halbfester Schnittkäse	Schweiz	Kuh 45 %	Mühlstein bis 12 kg	elfenbeinfarbig, kleine Löcher; mild sahnig, leicht säuerlich
Weinkäse Weichkäse	Deutschland	Kuh ab 30 %	Laibchen 75 g	weißgelb, mattglänzend; mild-sahnig, vollmundig
Weißlacker Halbfester Schnittkäse	Deutschland	Kuh 40, 45, 50 %	Würfel ca. 1,7 kg	weißlich-cremig, wenige Löcher; sehr pikant bis leicht scharf
Wilstermarsch (Holsteiner Marschkäse) Fester Schnittkäse	Deutschland	Kuh 45 und 50 %	Brot bis 6 kg	blaß- bis weißlichgelb, gleichmäßige feinporige Lochung; herb und leicht säuerlich
Ziegenkäse Weichkäse mit Außenschimmel	Deutschland	Ziege, auch mit Kuh und Schaf; ab 20 %	Flachzylinder bis 300 g	cremig bis gelblich (je nach Fettgehalt); pikant bis streng nach Ziegenmilch, auch mit Kümmelwürze

Fettgehalt der deutschen Käsesorten

Die nach der deutschen Käseverordnung maßgebenden und als Kennzeichnung vorgeschriebenen Fettgehaltsstufen sind folgendermaßen unterteilt:

1. Magerstufe: weniger als 10 % Fett i. Tr.
2. Viertelfettstufe: mindestens 10 % Fett i. Tr.
3. Halbfettstufe: mindestens 20 % Fett i. Tr.
4. Dreiviertelfettstufe: mindestens 30 % Fett i. Tr.
5. Fettstufe: mindestens 40 % Fett i. Tr.
6. Vollfettstufe: mindestens 45 % Fett i. Tr.
7. Rahmstufe: mindestens 50 % Fett i. Tr.
8. Doppelrahmstufe: 60 bis 85 % Fett i. Tr.

Die Gerichte nach Rezeptgruppen

Imbißgerichte

Nachtisch

Kuchen, Torten und Gebäck

Die Gerichte und Käsesorten alphabetisch

Halbfette Seitenzahlen verweisen auf Rezepte,
kursive Seitenzahlen auf Bildtexte.

Bildquellen

Bavaria: 11 o. (T. Sellhuber), 11 u. l. (Zeitbild), 29 (Fiore)
Comet-Photo: 11 u. r.
Edmond van Hoorick: 22/23
R. Löbl: 33
Niederländisches Büro für Milcherzeugnisse: 10 (3)
Schweizerische Käseunion, Bern: 2, 18/19 (5)
Sirius Bildarchiv/Hans-Joachim Döbbelin: 6/7, 45, 56–207
Verlagsarchiv: 15, 21
Richard Weich: 36/37 (1), 37 o. r.
ZEFA: 24/25 (4, Bergmann), 28 (Barone), 32 l. (Damm), 37 u. r. (Buchner), 40/41 (Halin), 47 (Dr. Seeberg), 55 (Puck-Kornetzki)

In unserer Reihe der

Spezialitäten-kochbücher

sind bisher
in gleicher Ausstattung
erschienen:

Dr. Eugen C. Bürgin

Kaffee

Alexander Ettl

Gewürze

Alexander Ettl

Fische

sigloch edition